名人与寿县文化

马启俊 ◎ 主编
陈昌勇 费蓉 熊辉 ◎ 编著

北京师范大学出版集团
安徽大学出版社

图书在版编目(CIP)数据

名人与寿县文化/马启俊主编. —合肥：安徽大学出版社，2016.4
ISBN 978-7-5664-1110-5

Ⅰ.①名… Ⅱ.①马… Ⅲ.①名人－生平事迹－寿县②文化史－寿县 Ⅳ.①K820.854.4②K295.44

中国版本图书馆 CIP 数据核字(2016)第 096112 号
皖西学院寿县楚文化研究中心、皖西学院中国语言文学
重点建设学科阶段性设成果
皖西学院寿县楚文化研究中心经费资助出版

名人与寿县文化
MINGREN YU SHOUXIAN WENHUA

马启俊　主编

出版发行：	北京师范大学出版集团 安　徽　大　学　出　版　社 (安徽省合肥市肥西路 3 号 邮编 230039) www.bnupg.com.cn www.ahupress.com.cn
印　　刷：	安徽省人民印刷有限公司
经　　销：	全国新华书店
开　　本：	152mm×228mm
印　　张：	16.25
字　　数：	190 千字
版　　次：	2016 年 4 月第 1 版
印　　次：	2016 年 4 月第 1 次印刷
定　　价：	35.00 元

ISBN 978-7-5664-1110-5

策划编辑：卢　坡　　　　　　装帧设计：李　军
责任编辑：苗　锐　戴欢欢　卢　坡　　美术编辑：李　军
责任校对：程中业　　　　　　责任印制：陈　如

版权所有　　侵权必究

反盗版、侵权举报电话：0551-65106311
外埠邮购电话：0551-65107716
本书如有印装质量问题，请与印制管理部联系调换。
印制管理部电话：0551-65106311

目录 | Contents

序 | /1

003

第一章 清廉之士
与寿县廉政文化

孙叔敖持廉至死 / 5
召信臣誉称"召父" / 9
蒋钦在贵守约 / 12
时苗离任留犊 / 14
胡氏"父子清官" / 17
赵轨清廉若水 / 20
吕夷简廉能勤政 / 22
吕公著耿直敢谏 / 26
吕本中《官箴》诫劝 / 29
董文炳慷慨解囊 / 38
俞扶九友善邻里 / 40
孙家鼐厉行俭约 / 42
柏文蔚安贫简俭 / 45
孙大光捐资助学 / 48

057

第二章 革命先驱与寿县红色文化

"五四"先锋高语罕 / 59

工运旗帜孙津川 / 66

红色教官茅延桢 / 69

特支书记曹蕴真 / 73

革命先烈薛卓汉 / 80

红色先导方运炽 / 85

早期党员胡允恭 / 91

红军将领孙一中 / 95

交通站长李乐天 / 100

北伐先锋曹渊 / 104

中华英烈曹云露 / 108

"老参议"曹少修 / 110

117

第三章 艺苑英才与寿县艺术文化

书画大家张树侯 / 120

狂草大师司徒越 / 126

昆曲始祖张野塘 / 144

川剧大师黄吉安 / 148

国画才女孙多慈 / 154

名翻译家朱海观 / 165

著名学者金克木 / 168

南宋学者吕祖谦 / 174

隐逸诗人朱鸿震 / 176

语言学家邵荣芬 / 182

195

第四章　诗词名家与寿县旅游文化

峻极之山　蓄圣表仙
——诗词名家歌咏八公仙境 / 198

龙渊地脉连沧海　生长明珠吐不休
——诗词名家歌咏珍珠涌泉 / 212

茅仙古洞几千秋　淮水滔滔仍自流
——诗词名家歌咏茅仙古洞 / 222

硖石留奇迹　千年仰禹功
——诗词名家歌咏硖石晴岚 / 230

两两渔舟催晚景　声声牧笛送春风
——诗词名家歌咏西湖晚照 / 237

翠雨无尘洗万松　紫云开放玉芙蓉
——诗词名家歌咏紫金叠翠 / 241

村落无声人未醒　一津斜月影苍苍
——诗词名家歌咏东津晓月 / 245

杏花巷陌春烟润　杨柳楼台夜雨虚
——诗词名家歌咏寿阳烟雨 / 247

后记 | 251

序

　　寿县位于安徽省中部,淮河中游南岸,面积约三千平方公里,人口一百三十七万。寿县原为六安市所辖县,经国务院2015年12月批准,现划归淮南市管辖。

　　寿县历史悠久,早在几千年前就是淮夷聚族而居的地方,春秋时期已是一方政治、军事、经济、文化的中心。寿县古称寿春、寿阳、寿州,古城寿春镇已有两千多年的建城史,历史上曾四次为都,分别为蔡国、楚国、西汉淮南国、东汉袁术称帝的都城,还多次为州县、府郡的治所。寿春镇依山傍水,八公山望城而立,淝河水绕城而过,1986年被国务院批准为国家历史文化名城,是安徽省最早入选国家历史文化名城的三个城市之一。

　　目前寿县境内有六处全国重点文物保护单位,它们分别是:始建于春秋时期的"天下第一塘"安丰塘(芍陂),迄今为止全国唯一保存最完整并带有护城河的北宋时期的古城墙,明清寿州孔庙,寿县清真寺,古寿春城遗址,汉淮南王刘安家族墓地。除了地面上众多的历史文化遗迹和遗址外,寿县还素有"地下博物馆"之称,地下文物分布广泛,类型丰富,藏量巨大，价值非凡。坐落在寿春镇的寿春楚文化博物馆堪称全国县级第一博物馆，珍藏有国家一级文物二百二十四件，二、三级文物两千多件。

寿县不仅历史悠久，而且文化灿烂，从古至今有楚汉文化、治水文化、城墙文化、饮食文化、宗教文化、廉政文化、民俗文化、红色文化和旅游文化在这里孕育、产生、发展、繁荣。

寿县不仅物华天宝，而且人杰地灵，历史文化名人如繁星璀璨，装点了寿县历史的天空，繁荣了寿县的地域文化。这些名人或为生长于寿县的本地土著，或为祖籍寿县流落在外的乡人后裔，或为客居寿县为官经商的外地人，或为路过寿县留下诗词墨迹的匆匆过客。

寿县的确是片古老而神奇的土地，拥有优美的自然风光，动人的历史故事，深厚的文化积淀，辉煌的革命篇章，无不闪耀着迷人的光彩，吸引人们前来追慕先贤，凭吊怀古，旅游观光，投资兴业，调查研究，开拓发展。

马启俊
2016 年 4 月

第一章

清廉之士与寿县廉政文化

第一章　清廉之士与寿县廉政文化

南宋诗人吕本中在其《官箴》开头写道："当官之法，唯有三事，曰清、曰慎、曰勤。知此三者，可以保禄位，可以远耻辱，可以得上之知，可以得下之援。"他认为居官从政者要遵循"清、慎、勤"这三项原则，只有做到了这三点，才能保住禄位，远离耻辱，得到上级的信任和下级的支持。所谓"清、慎、勤"，即清廉、谨慎和勤勉，这三者往往是密切相关的，而清廉又是其中最基本的德行原则。

古人云："清者，廉也。""廉者，清也。""不受曰廉。""临大利而不易其义，可谓廉矣"。可见，清白高洁、正直公道、节俭不贪、自我约束等，都是清廉的内涵所在，而其核心则是廉耻意识和不贪行为。"廉者昌，贪者亡"是古往今来居官从政的一条最根本的经验教训。清廉执政才能取信于民，秉公用权才能赢得人心。政府清廉，则民心所向，百姓拥护；政府贪腐，则众叛亲离，百姓抛弃。故此，"清正廉洁奉公，修德拒贪律己"当为为官从政者所谨记。

国家历史文化名城——安徽省寿县，在其两千六百多年的文明发展史上，出现了许许多多清官廉吏，他们或生于斯长于斯，或千里迢迢由外地来此任职，或被派往外地担任地方官，或被留在帝京委以重任。这里有"奉职循理，持廉至死"的孙叔敖；有"前有召父，后有杜母"的"召父"召信臣；有因"离任留犊"而闻名天下的时苗；有"家无车马，驱驴单行"的胡质、胡威"父子清官"；有"一门三相"的吕蒙正、吕夷简、吕公著；有不愿惊动百姓而轻车简从返故里的"状元帝师"孙家鼐；有"宁肯清贫，不愿浊富"的川剧大师黄吉安；有"清廉自守，安贫若素"

的淮上英杰柏文蔚……共产党人孙大光清廉从政，俭朴持家，自甘清贫，乐于奉献，倾其所有资助家乡办教育的崇高品行更是影响深远。他们或以廉洁奉公而传世，或以不计得失而扬名，或以敢于直言而感人，或以不畏权势而流芳。千百年来，他们的浩然正气、清风惠政，为寿县廉政文化谱写了一曲曲清风徐来、润物无声的动人乐章，激励了一代又一代的寿州人，他们成为人们争相效仿的楷模和榜样。

孙叔敖持廉至死

寿县廉政文化的滥觞得从两千六百多年前的楚国令尹孙叔敖说起。

孙叔敖是我国古代杰出的政治家、军事家、水利家,闻名遐迩的一代楚相。公元前601年,他在时任宰相虞丘的引荐下,开始出任楚国令尹。孙叔敖上任伊始,就大刀阔斧地进行相关制度改革,大力发展经济,并招兵买马,整训军队。后来楚国称霸中原,楚庄王取得霸主地位,这在很大程度上得益于孙叔敖的辅佐。孙叔敖的另一伟大成就是"于楚之境内,下膏泽,兴水利,因湖成塘",其主持兴修的芍陂塘(今称安丰塘)被称为"天下第一塘"。安丰塘的修建,极大地改善了寿春农业生产的条件,使这一地区成为水草丰美的鱼米之乡,楚国国力亦因此而增强。

孙叔敖是我国古代为官廉洁勤谨的典范。据说他刚就任令尹时,许多人来向他道贺,只有一位穿粗衣戴白帽的老人(狐丘丈人)一来就警告孙叔敖说:"人有三怨:爵高者,人妒之;官大者,主恶之;禄厚者,怨归之。"意思是说,爵位高而骄横的人,人们会嫉妒他;官大而专断的人,君主会厌恶他;俸禄多却不知足的人,祸患就会降临于他。孙叔敖感到老人的话很有道理,就进一步向他请教该怎么办。老人说,地位高了应更加谦虚,官做大了要处处谨慎,俸禄优厚了就别再贪婪。孙叔敖作为令尹，权力在一人之下、万人之上，爵不可谓不高，官不可谓不大，禄不可谓不厚，但他一直谨记并实践着老人的教导，毕生致力于建设强大的楚国，绝不计较个人的进退得失。他曾说："吾三相楚而心愈卑，每益禄而施愈博，位滋尊而礼愈恭，是以不得罪于楚之士民也。"史书上也记载他"三得相而不喜，三去相而不悔"，这表明了孙叔敖在政治上也数次处于逆境，但更能看出他廉洁清正、绝不计较个人得失的品格。

孙叔敖贵为楚国令尹，官高位显，功勋卓著，但其个人及家庭生活却非常朴素。他在家吃穿简朴，妻儿不衣帛，连马都不食粟，外出则轻车简从。战国时著名思想家韩非说他吃粗米面饼子，喝着青菜汤，就着干鱼；冬天披着羊皮，夏天穿着麻衣，面上常露饥色。他的随从看到他生活如此简朴，就对他说，坐新车更安全，乘肥马跑得更快，穿狐裘更暖和，你为什么不要新车、肥马、狐裘呢？孙叔敖回答道，君子穿上好衣服更加恭谨，小人穿上好衣服更加傲慢，我没有好的品德可以乘坐新车、骑肥马、穿好的衣服。当时就有人深为叹服地说："楚国有幸，得此贤臣！"这是对孙叔敖多么恰当的评价！

孙叔敖为相十二年，大有功于楚国，楚庄王多次要赐封于他，可是他每次都坚辞不受，持廉至死。他一生不受封地，不置家产，没有积蓄，子女没有从他那里得到任何家业，甚至他临终时连棺椁也没有。周定王十二年（前595），孙叔敖临终前把儿子孙安叫到身边嘱咐道，我死后有份遗表，可代呈楚王。如果楚王要封你官爵，你千万不要接受，你没有多少才能，不可为官。如果楚王给你封地，你也要坚辞不受，实在推辞不掉的话，你就要求到寝丘那个地方去，那里荒芜贫瘠，没有人跟你相争。你要靠自己的双手去劳动，去生活……孙叔敖死后，其子将表章送呈楚王，表中写道：承蒙大王提拔我当了楚国令尹，可我却没有建立什么功劳，感到十分惭愧。我只有一个儿子叫孙安,他平庸无能,不可以做官,请让他回乡种田。晋国虽然被我们打败了,但晋是中原大国,绝不能等闲视之。连年兴兵征伐,百姓受苦,愿大王多加体恤爱护,弭兵止战,发展生产,让他们过上太平日子,这才是德政、善政。楚庄王看了遗表后,亲临吊唁,抚棺痛哭。次日,楚王要封孙安官爵,孙安按照父亲临终嘱咐,没有接受,不久便悄然返乡,退居田泽。虽然父亲当过令尹,可孙安家中却是一贫如洗。孙安回家后就从事劳作,靠种田打柴度日,过着清贫的生活。

几年后,楚庄王最喜欢的倡优、孙叔敖的生前好友优孟听说了这件事,就将此编成歌谣《慷慨歌》。在楚庄王寿诞之日,优孟穿着孙叔敖当年当宰相时穿的衣服,模仿孙叔敖的言谈举止,如泣如诉地给楚庄王演唱,歌中唱道:

贪吏不可为而可为,

廉吏可为而不可为。

贪吏而不可为者,

当时有污名;

而可为者,

子孙以家成。

廉吏而可为者,

当时有清名;

而不可为者,

子孙困穷被褐而负薪。

贪吏常苦富,

廉吏常苦贫。

独不见楚相孙叔敖,

廉洁不受钱。

歌谣的意思是,贪官虽然做不得却还是要做,廉洁的官吏虽然做得却不要做。贪官做不得,是因为当时名声不好,但做贪官，却可以使子孙后代衣食无忧。廉洁的官员可以做，是因为当时落得好名声；不可以做廉洁官吏，是因为会使子孙过穿褐衣、打柴为生的生活。贪官常被财富拖累，廉洁官员常挨穷受苦。难道没看到楚国的相国孙叔敖吗？他为官清廉，从不受人钱财。优孟边哭边唱，边唱边哭，庄王深受触动，哽咽道："孙叔之功，我永不敢忘。"庄王于是命人把孙叔敖的儿子孙安找来。孙安拜见庄王时，衣衫褴褛，破败不整。楚庄王不由动容落泪，问道，你怎么穷困到如此地步？优孟从旁答道，不是这样，怎么能看出孙叔令尹的公而忘私呢？按照孙叔敖的遗愿，孙安只要荒鄙的寝丘，庄王就赐封他寝丘四百户封地。这样一来，孙叔敖清廉贤能的名声就越传越远了。

　　孙叔敖是我国最早见于史册的清官之一。他位尊权重，辅助庄王称霸中原，立下不朽功勋。在供职中，他廉洁奉公，从不以权谋私，将功求荣；在家庭中，他克勤克俭，绝不铺张奢华，追求排场。其卓著功绩和高尚品格，名在当时，垂青后世。司马迁在《史记·循吏列传》中将其列为循吏第一人，他是当之无愧的。

召信臣誉称"召父"

西汉年间,当时的九江郡寿春又走出了一位循吏——召信臣。

召信臣,生卒年不详,活跃于西汉初元至竟宁年间(前48—前33),字翁卿,西汉九江郡寿春(今安徽寿县)人。他通晓经书,获得甲科考绩,做了郎官,接着外调补缺,做了谷阳长,又由于考绩优等,擢升为上蔡长,后任零陵郡、南阳郡、河南郡太守和少府等职。

召信臣为人勤奋努力,有谋略,喜欢替老百姓兴办有益的事,一心要使百姓富足。在南阳郡(今河南南阳市)太守任上,他开沟通渠,兴修水利,修筑水闸和其他能放水堵水的设施,总共几十处,扩大了灌溉面积,水田连年增加,最终多达三万顷。百姓因之而富足,家家户户都有了多余的粮食来贮藏。为了防止因争夺水源而引起争斗,召信臣为百姓制定了均衡分配水源的规定,并把规定刻在石碑上,竖立在田边。

召信臣积极支持并倡导勤俭节约,在这一点上,他不是一味地宣讲说教,而是率先垂范。他个人生活简单朴素,为官廉洁奉公,常出入于田间,在阡陌上巡视,住宿在野外或民家,很少有在太守府上安闲享乐的时候。

在南阳,当时流行一种非常不好的民间习俗——红白事都要大操大办,一次婚丧嫁娶都要花费大量的财物。铺张浪费之严重,风俗之奢靡,破费之巨大,超乎想象,往往并非寻常百姓家所能负担得起的。尤其可怕的是,民间相互攀比之风很盛。积极倡廉和节俭的召信臣,决心整治这一旧的礼俗和风气。于是,他一方面下令禁止民间嫁娶和举办丧葬时铺张浪费,另一方面,又谆谆教导人们完全没有必要相互攀比,做事要从节俭出发,量力而行。由于召信臣在南阳深受百姓的信任和爱戴,所禁止的又的确是社会恶习,所以能够令行禁止,使南阳郡的民间风气为之大变。在他的治理和潜移默化的影响下,南阳郡的社会风气越来越好,人人勤于农耕,以前流亡在外的百姓也纷纷回乡,户口倍增,而盗贼绝迹,讼案也几乎没有。

召信臣因为在南阳郡任上处处为民着想,尤其是对南阳郡的水利设施和农业生产有着特殊的贡献,所以受到当地官吏百姓的亲近和拥戴,当地人亲切地称他为"召父"。

竟宁元年(前33),召信臣被征召到京城担任少府一职,位列九卿之一,主要负责宫廷一应供需。在任少府不久,他就上奏要求压缩不必要的宫廷项目开支。他提出,应根据实际情况,停建、缓建或减缩一些土木工程,如上林苑这样的皇上很少巡幸的离宫别馆,应停止拨付款项。他又奏请将乐府黄门中的倡优、杂戏以及保卫宫馆的守卫等一应供给减少一半以上。在专供皇家膳食的太官园圃里,冬季也种着葱、韭菜等蔬菜,周围都用屋宇遮蔽着,日夜都燃烧着微火,以提高气温使其生长。召信臣认为这些设施劳民伤财,耗费大量人力、物力和财力,而且这些在温室环境下生长的蔬菜不是按季节规律生长出来的,对人反而有害,不应该对它们如此侍奉供养,更不适合用来供奉皇上。因此,他在奏疏中提出,所有这些违背时令节气而由人工培养的宫廷食物,应一概予以免除。"不时之物,有伤于人"是召信臣奏议裁撤的理由,结果每年都能为朝廷节省费用达千万之多。

召信臣为官一生,爱民一世,亦在官任上去世,寿有所终。观其一生,他不与权贵势力同流合污,无论是担任地方官还是京官,都积极倡廉,想方设法压缩开支,尽量减轻百姓负担,这在封建时代的官场是极其难能可贵的。

召信臣去世后不到百年时间,南阳郡百姓又喜得太守杜诗。与召信臣一样,他也是爱民如子,事事替百姓做主。当地百姓欣喜异常,奔走相告,纷纷称颂说"前有召父,后有杜母"。自此,"父母官"就成为中国古代对州、县一级"能体恤、爱护百姓,为民做主"的官员的尊称。有诗曰:

西汉翁卿东汉诗,
南阳太守南洋祠。
莫期捐俸惩官贵,
问暖嘘寒却是谁?

蒋钦在贵守约

三国时期的东吴水军大将蒋钦是一位品格端方、正直无私、在贵守约的人。

蒋钦(？—220),字公奕,九江寿春人,汉末东吴名将。早在孙策率众投靠袁术时,蒋钦就已经跟随孙策。孙策到江东后,拜蒋钦为别部司马。蒋钦自此带兵随孙策转战征伐,平定三郡,又随从孙策平定豫章。蒋钦被调任葛阳县县尉,先后历任三个县的县长,讨伐平定盗寇,

被升为西部都尉。会稽郡治地的贼寇吕合、秦狼等作乱,蒋钦领兵讨击,因生擒吕合、秦狼,五县被平定,转任讨越中郎将,获经拘、昭阳两县封地。贺齐讨伐黟县贼寇时,蒋钦督率万兵,与贺齐合力进击,平定黟县贼寇。建安二十年(215),从孙权征合肥,因功迁荡寇将军,领濡须督。后来转任右护军,掌管诉讼事宜。建安二十四年(219),孙权讨伐关羽,蒋钦率领水军入沔水,在回军途中病逝。

据《三国志·吴书·蒋钦传》记载,蒋钦是一个轻财俭约的人。传曰:"权尝入其堂内,母疏帐缥被,妻妾布裙。权叹其在贵守约,即敕御府为母作锦被,改易帷帐,妻妾衣服悉皆锦绣。"孙权曾进入蒋钦家的后堂,看到蒋钦的母亲使用的是粗布稀疏的薄帐和素色绸布做的被子,而妻妾穿的衣服也只是普通布裙做的。孙权盛赞蒋钦坚守俭约的品德,并感叹其身在贵位而不骄奢,不是每个人都能做到的,当即命令御府为他

的母亲制作锦被、改换帷帐,又用锦绣绸缎来为他的妻妾裁制衣物。蒋钦生性豁达,一生廉洁奉公,为人节约,从不铺张浪费,即便后来担任东吴大将,也始终保持简单朴素的生活方式。在他的严格约束及潜移默化影响下,其身边的人,包括部下以及家里的亲人,如母亲、妻妾等,也纷纷效仿。

在东吴经营江东前期,蒋钦和徐盛发生过过节儿。后来孙权招纳贤才,蒋钦不计前嫌力荐徐盛。孙权问蒋钦:"徐盛曾对你不满,你如今举荐他,是仰慕祁奚(语出'祁奚举贤')那样推荐有私嫌的人吗?"蒋钦回答说:"臣知道为公事举荐不应怀有私人恩怨。徐盛忠勇而勤奋,有胆略气度,是个可以独当一面的良将。如今大事未定,臣理应帮助国家求取人才,岂敢挟带私怨而阻塞贤人呢!"孙权大加赞许,徐盛也对蒋钦以德报怨的品德敬佩不已。

蒋钦虽然出身行伍,但为家信守俭约,为人以德报怨,实属难得。

时苗离任留犊

东汉末年,寿春令时苗因其离任时"留犊"而去,不仅在当地留下一段千古传诵的佳话,也使他名闻天下。

据《三国志·魏书·常林》裴松之注记载:"时苗,字德胄,钜鹿人也。少清白,为人嫉恶。建安中,入丞相府。出为寿春令,令行风靡。"又载:"居官岁余,牛生一犊。及其去,留其犊,谓主簿曰:'令来时本无此犊,犊是淮南所生有也。'"时苗在青年时期就崇尚清白为人,处世是非曲直观点鲜明,疾恶如仇。有这样的人格魅力和力量,担任父母官自然会受到老百姓的欢迎和拥戴。他从政后,廉洁自律,不事权贵,与常林、吉茂和沐并四人以清介闻名。汉献帝建安十八年(213),时苗入丞相府,被曹操任命为寿春令。

"时苗留犊"的历史典故在寿县可谓家喻户晓,妇孺皆知。时苗到寿春上任时,他不骑马、不坐轿,是驾着一辆黄牛车去的,所以当地老百姓后来都称他为"黄牛令"。黄牛车倒也装得满满的,但值钱的东西一样也没有,只有一堆书籍和棉布衣被等极其简单的生活用品。他在任职的一年多时间里,始终秉持一身正气、两袖清风的做事风格,个人生活和以前一样,没有什么大的变化,不收别人一分钱的礼,也不占公家一分钱的便宜,但却为寿春的黎民百姓办了很多好事,受到了老百姓的交口称誉。

在这期间,当初随他而来的那头黄牛,生下了一头小牛犊。一年后,时苗离任的时候,决定把在寿春出生的那头小牛犊留下来。当地百姓和官员都说,"六畜向来是不识父的,这个牛犊应该跟随它的母亲。您应该把它带走!"时苗不答应,婉言劝说大家:"令来时本无此犊,犊是淮南所生有也。"意思是说,我来到寿春本来是没有这个牛犊的,这头小牛是在你们土地上出生的,是喝淮南的水、吃寿春的草长大的,它本来就应该属于这个地方,既然非我所有,我当然不能把它带回家。于是,牛犊就留在了寿春。

当地百姓深受感动,都舍不得时苗离开,纷纷围住了他。人们看到,和来时一样,车还是那辆黄牛车,车上装载的仍然是一堆堆书和那些简单破旧的生活用品。赶来送别的人有的抓住车子不放手,有的站在路中间不让走,还有曾受过时苗接济救助的人干脆躺在路面上,用身体拦住牛车……直到时苗的黄牛车走远了,夹道送行的父老乡亲还在纷纷望尘而拜,依依不舍的别离场面非常动人,许多路过的行人也都默默流泪。

时苗虽然离开了寿春,但他为官清廉的高尚品德却永远地流传了下来,教育并影响着后世的人们。自东汉以来,世人常以"时苗留犊"作为为官清廉的代名词,以教后人。如唐人李翰在《蒙求》一书中收有"时苗留犊"的故事,并将之作为儿童启蒙教育的典范。而历代许多地方官员、文人墨客和游子名士常来留犊池畔瞻仰凭吊,抒发怀古感慨,留下了许多赞颂时苗的诗篇。元代监察御史王恽写有一首《题时苗留犊》,诗中有"清白居官志不贪,故教留犊在淮南"之句;明代张轼《留犊池诗》云:"来一牛来去一牛,清风高节至今留。"明代寿州主事董豫所作的《留犊池》一诗,读来令人深思:

去任无惭到任时,独留一犊饮斯池。
廉名不特当时重,遗爱能令去后思。
千载清风垂古史,半池明月映荒祠。

停骖几度池边立,漫剔苍苔诵勒诗。

清代文人孔庆珪在其《太平乡》一诗中写道:

一载寿春令,弃官归隐居。
留犊语父老,清廉近何如。
佳墓巍然存,大木风萧疏。
弥深景仰心,瞻拜集簪裾。
爱此太平乡,醇风还古初。

这些诗作在歌颂时苗为官清正廉洁的高尚品德的同时,更道出了人们追思、仰慕的心声。

为了纪念时苗为官清廉,寿县这里的人们将当年小牛犊曾饮水的池子称为"留犊池",又在牛犊栖身的地方建起"留犊坊"。明成化年间,知州赵宗建祠以祀,祠名为"时公祠",时人又称"留犊祠",并把祠所在的街巷称为"留犊祠巷"。今天,寿县城关时公祠(留犊祠)已重新修复,与建成的留犊池古街区一起,作为廉政文化教育基地,供人凭吊、追思。

胡氏"父子清官"

三国及西晋初期,寿春出现了以廉洁勤政著称于世的胡质、胡威父子二人,人们誉其为"父子清官",他们清正廉洁之美名一直流传下来。

胡质(？—250),字文德,三国时曹魏淮南寿春人。魏文帝时,官至东莞太守、荆州刺史,后加封振威将军,赐爵关内侯;其子胡威(？—280),字伯武,晋武帝时官至前将军、青州刺史。

胡质在曹操当政时还只是一个不起眼的小吏,他日后官职显要,既不靠逢迎拍马,也不靠贿赂开路,而是完全靠自己的清正廉洁和勤勉政绩。魏文帝曹丕在位时,胡质先担任东莞郡太守。在东莞九年,他把该郡治理得政通人和,吏民便安,将士用命,赢得了朝廷上下以及地方百姓的交口称誉。因为他为官清廉,屡迁高职,官拜荆州刺史、振威将军。到荆州任刺史后,他依然取得卓著政绩。他任职之处,形成了"广农积谷,有兼年之储"的富庶局面。胡质曾经从军征战数十次,每次因军功获得赏赐后,他都全数分给部属,自己则分毫不要。因此,将士们都非常敬重和拥护他,对他感恩戴德,誓死为他效命。

胡质一生,清廉爱民,从不看重钱财,也不置家产。胡质病逝时,"家无余财,惟有赐衣书箧而已"。四年后,朝廷追思清廉之士时,考虑到胡质一生为官清廉、体恤民情,特下诏褒奖其清廉品德,并赐其家"谷二千斛,钱三十万,布告天下",并谥"贞侯"。

胡质的儿子胡威深受其父的影响,年少时就以清廉谨慎而闻名,立志继承和发扬其父的清廉美德,后来为官也果然继承了父亲的遗风。

有一年,胡威从洛阳去探望在荆州当刺史的父亲。胡质虽然当官,胡威也算得上是官宦子弟,但是家中并不富裕,除去日常生活开支并没有多少节余,以至于胡威去看望父亲时没有一车一马,也雇不起仆人随从,只好骑着毛驴带着干粮独自上路。途中于客栈住宿时,胡威一边放驴,一边砍柴,还要自己生火做饭。同住客栈的人得知他是荆州刺史胡质之子后,既感到惊讶,又深深钦佩。父亲看到儿子来到荆州,十分高兴,父子二人彻夜长谈。前两天,父亲还能买些肉和鸡蛋给儿子吃,几天后,桌子上就只有青菜豆腐萝卜汤了。儿子知道父亲为官清廉,没有什么钱财去买东西,因此不但不介意,反而吃得很香。在荆州小住几天后,胡威向父亲辞行,胡质很想拿点东西送给儿子,表示一下做父亲的心意。找来找去,胡质总算翻出了一匹丝绢。胡质望着临行的儿子,深有感触地说:"儿啊,父亲虽然官居刺史,但我一生只食俸禄,这匹绢你拿着,就算是父亲给你路上用的盘缠吧!"可没想到胡威不但不领情,反而惊奇地问父亲:"大人清白,不审于何得此绢?"意思是,人们都说父亲您清正廉洁,为官不贪不占,不知道这匹绢是从何而来的?胡质先是一愣,然后解释道:"这是我靠自己的俸禄节余下来的,用来给你作盘缠。"胡威这才放心收下了。

三国归晋后,胡威历任徐州、豫州、青州等州刺史和前将军等职。他也同父亲一样廉洁自律,克己奉公,为官一任,造福一方。他为政忠清洁正,勤勉有加,一般上朝参政都不乘轿,年年都把朝廷给他的俸禄拿出一部分救济灾民。人们感其恩德,将他和他的父亲合称为"父子清官"。

晋武帝司马炎闻知胡氏父子为官清廉的美名后即召见胡威，对他父子二人清正为官、廉洁做人的品格大为赞赏，并随口问道："卿清孰与父清？"威对曰："臣不如也。"帝曰："以何为不如？"对曰："臣父清恐人知，臣清恐人不知，是臣不如者远也。"这段对话的意思是，晋武帝问，你与你父亲相比，哪个更清廉？胡威回答说，我比不上我父亲。晋武帝问，怎么知道自己不如父亲呢？胡威答道，我的父亲清廉不愿意让别人知道，我清廉唯恐别人不知道，所以这点我比我父亲差远了！晋武帝听后更加敬重、佩服胡威了，特地下诏褒奖他谦逊恭顺、为官政绩显赫而又廉洁守操。太康元年（280），胡威卒于青州刺史任上。朝廷因其政绩突出，且为官清正无私，特追赐他为镇东将军，加封谥号为"烈"。

胡质、胡威父子，在官场上廉洁勤政，在家庭中克勤克俭，他们所秉持的良好的政风、家风，炳耀千秋，垂范后世。

赵轨清廉若水

隋朝人赵轨,曾任寿州总管长史。他在寿州任职期间,根据当地土地肥沃、水草丰美的地理特点,非常重视农业生产。他组织整修芍陂(今称安丰塘),发展水利,灌溉农田。芍陂先前有五门围堰,荒废很久了,也没有人去组织修整,已经杂草丛生,污秽不堪,起不到灌溉作用了。

赵轨到任后,就鼓励督促百姓和官吏重新修治,在原来五门围堰的基础上,又开了三十六门围堰,总灌溉田地面积五千多顷。这些围堰作用很大,不仅使当时百姓受益,而且恩泽他们的子孙后代。赵轨在寿州任职的数年时间,寿州百姓多受其厚益,所以当地百姓说起赵轨,仍都称赞其为官能为民着想。

赵轨少年时非常好学,品行端正。北周的蔡王仰慕其名,引荐他做了记室。在任期间,赵轨以清廉刻苦著称。隋朝建立后,赵轨转任齐州(今山东济南)别驾。

赵轨在任齐州别驾期间,在日常生活中也显现出其人格魅力。有一年,他东边邻居家的桑树上的桑葚熟了,又大又红的桑葚落到了他家的院子里,满地都是。他叫家人把桑葚捡起来,如数送还给邻居,并告诫儿子说:"我并不是要以此来得到什么名誉,只是觉得不是自己的东西,享用了心里也会不安。你们应该把这话当作自己做事的准则。"

赵轨在齐州四年,每年政绩考核都是最好的,得到皇帝的嘉奖,后来被征入朝任职。离开齐州时,父老乡亲都来为他送行。一位长者代表百姓捧着一碗清水,颤巍巍地敬奉给赵轨,说:"别驾在此任官,从不受贿纳物,一点一滴也不沾老百姓的。如今您要走了,我们不敢以壶酒相送,您清廉若水,就献上一碗清水为您饯行。"赵轨接过这碗清水,一饮而尽,然后挥手而别,百姓们则挥泪相送。

赵轨不仅修身自洁,而且要求部下无论何时何地对百姓都要秋毫无犯。他在任原州总管司马时,有一次领兵夜行,当时月隐星稀,部下不小心,导致马跑进了田里,踩踏了禾苗。他当即命令队伍停止前进,原地待命,直待天明。天亮后找到了田地的主人,赵轨命将士按禾价赔偿了田地主人损失后才率队起程。原州的百姓官吏听到这件事后,十分感动,也更加敬重佩服赵轨的行事为人,纷纷相约要以他为榜样,向他学习,改变自己不好的操行。

几年后,赵轨升为硖州刺史,对当地杂居的许多少数民族非常体恤,并设法安抚聚合各族百姓,给他们许多恩惠。

赵轨在寿州任职数年后告老还乡,在家中去世,享年六十二岁。赵轨一生为官清廉,政绩卓然。他的政绩主要是在开皇年间取得的,开皇年间是隋朝政治、经济较好的时期,史称"开皇之治"。"开皇之治"是与许多像赵轨这样的清官廉吏的努力奋斗分不开的。

吕夷简廉能勤政

北宋时期,被世人称为"父子宰相"的吕夷简、吕公著,也在廉政史册上留下了光彩耀人的一页。

吕夷简(978—1044),字坦夫,北宋初叶人,著名政治家,宋代名相之一。祖籍山东莱州,后随祖上迁居寿州。他生于太平兴国三年(978),是曾任寿州知州的吕龟祥之孙,苦学成才的名相吕蒙正族侄。咸平三年(1000)进士及第,任地方官。十六年后,历任侍御史知杂事、知制诰、权知开封府等职,又先后三次出任宰相,庆历三年(1043)因病致仕,庆历四年(1044)九月去世,终年六十六岁。

吕夷简从小就养成了廉洁自律的品格。据吕希哲[①]所著《吕氏杂记》记载:"吕文靖公(吕夷简),少保(马)亮婿也。文靖甚贫,马夫人使密置银二笏于卧内,文靖视之如无物也。他日取去亦不问。马公益器重之,曰:'吕郎必作太平宰相。'后亲见其登庸。"吕夷简从政后,更显其才识卓优、清慎勤俭,当时便获"廉能"之誉。知滨州时,他上疏请免农器税,真宗为之颁行天下;在祠部员外郎任上,他批评真宗建筑宫观是劳民伤财,并请罢除冬天河运木石,真宗称赞他"有为国爱民之心"。

---

①吕希哲(1036—1114),北宋教育家、官员,字原明,学者称荥阳先生,寿州(今安徽凤台)人,吕公著之子、吕夷简之孙,著有《吕氏杂记》二卷。

此外,如帮助减省文书、推正朝纲等八项建议等,无不是善政、廉政之举,当然也都被皇帝所采纳。

大中祥符六年(1013),吕夷简知滨州(今山东滨州)。当时黄河以北洪水泛滥成灾,百姓深受其苦。吕夷简身为一方父母官,很重视水利治理。治水期间,他体察民情,在翻阅征簿的时候,发现农民使用田镈(古代锄一类的农具)之类的农器具也要交税。农器税始于后唐明宗长兴二年(931),宋初把唐末五代的杂税大部分都继承了下来。所以,北宋之初,农民置办各种农器具也要交税。吕夷简认为这很不合理,"王道本于农,此何名哉!"他返回京城后,就向真宗上奏申请免除河北农器税,指出农具不应该计算在纳税的范围内,这样做违背了以农为本的宗旨,会挫伤农民的生产积极性。他的意见得到了朝廷的重视,宋真宗说:"务穑劝耕,古之道也,岂独河北哉!"遂下诏"天下农器皆勿算",不仅免除了河北农器税,将其他地方的农器税也一并免除,在一定程度上减轻了农民的负担。史载:"秋七月癸卯,诏天下勿税农器。"就这样,吕夷简的奏请引发了一场全国性的税制变革,时任宰相王旦因为这件事称赞吕夷简"器识远大"。

"澶渊会盟"之后,宋真宗为夸饰治世,大搞天书封禅、兴建宫观等活动。朝廷为迎接天书降临而大兴土木,所修建的各种宫观,工程都相当浩大。另外,宋真宗还多次亲自东封泰山祭天,北祀汾阴祭地,南下亳州祭老子。于是,全国各地也纷纷建造道观,这样百姓的负担大大加重了。

据史书记载,当时京师建造宫观所需之木材都由江南长途运输到京城。督办官员规定运送木材的期限,催得又急又狠。时值隆冬季节,运木材的工匠、徒役有因累、病而死在工地上的。负责押运的官员为推卸责任,反而诬陷他们逃亡,官府竟将死者的妻子、儿女抓捕、关押起来。"有司责期会峻急,工徒至有死者,诬以亡命收系妻、子"。吕夷简对此很有意见,当即上书朝廷反映,并"疏请缓役"(请求缓行这项工程)。吕夷简还提出建议:"盛冬挽运艰难,宜须河流渐通,以兵卒番送。"吕夷简认为从水路运输木材,不要在冬天水浅时曳运,尤其是在隆冬时节,沿河运送更加艰难,最好等到初春河流解冻、水涨后,再用兵卒轮流运送,这样可以大大节省民力,减轻农民负担。宋真宗看了很感动,说:"观卿奏,有为国爱民之心矣。"于是就批准了他的请求。吕夷简请求缓建宫观,对于减轻百姓负担、稳定社会秩序具有重要意义。

宋真宗时期,"三冗"问题也逐年加重。北宋政府机构不仅有冗官、冗吏,而且有冗滞的文书,这些都给三司官员造成了非常繁重的负担。宋真宗对文书和档案工作比较重视。他继位不久,就命三司减省文书。天禧二年(1018)四月,主判三司开拆司刘楚曰:"天下申省及转运司知委文状颇为重复,劳扰州县,望令逐处减省,务从简要。"开拆司是三司中专门负责接受皇帝命令和各路报送公文的机关。刘楚的建议引起宋真宗的注意,他下令让吕夷简和三司长官共同研究减省文书的办法。三司拟出一年减省诸州账目、奏状八万多道,省纸三十余万张的方案。根据这个总方案,又令诸路转运司详定诸州府可减省数,上报三司,由三司核定后上奏真宗。于是,真宗便正式下达一份减省文书的诏令:"计账之繁,动盈几案;公家之剧,无益关防。徒事勾稽,空糜纸札。比令近侍,同令删除;或匪切须,并从简并。咨尔在位,宜守亲稽;勿务滋章,致于烦扰。其令三司诸路,并依新减数目,不得擅有增益。"此次减省文书、账目百分之二十以上,成效显著,吕夷简为此亦贡献甚大。

明道二年(1033)三月,刘太后去世,宋仁宗开始亲政。为了整顿风气,重振朝纲,吕夷简上疏向宋仁宗提出了八条建议

（又称"八事"或"八条规劝"），即正朝纲、塞邪径、禁货赂、辨奸佞、绝女谒、疏近习、罢力役、节冗费。观其内容，八事中有两项涉及廉政：一为禁货赂，一为节冗费。因为这两项廉政举措及其他事项，皆为当时要务，吕夷简又言辞恳切，使宋仁宗很受感动，故皆虚心接受。

庆历三年（1043），吕夷简病逝于洛阳。宋仁宗哭着对群臣说："安得忧国忘身如夷简者！"吕夷简一生经历了太宗、真宗、仁宗三朝皇帝。观其一生，他处于国家多事之秋，却能够从容应对、稳定大局。虽然为政保守，有时还显得比较圆滑，但他勤政务实，建树颇多，提出了不少廉政、善政和德政之举，尤其对仁宗时期的社会稳定、经济发展和文化繁荣起到了积极的助推作用。

吕公著耿直敢谏

吕公著(1018—1089),字晦叔,知名相国吕夷简之子。幼时好学,竟读孔孟书至废寝忘食。其父异之,说:"他日必为公辅。"

吕公著为学、为人、为官在当时及后世都具有很高的声誉,《宋史》称其"暑不挥扇,寒不亲火,简重清静,盖天禀然。其积虑深敏,量闳而学粹,遇事善决,苟便于国,不以私利害动其心。与人交,出于至诚,好德乐善"。欧阳修评价他:"学赡文富,器深识远。而静默寡欲,有古君子之风。用之朝廷,可抑浮俗;置在左右,必为名臣。非惟臣所不如,实当今难得之士。"

吕公著早期就养成了朴实无华的性格,这种性格决定了他居官执政时对朝廷用度的要求也是以简朴为主。他始终不忘廉洁节俭,主张于民有利,以公允之心做事,从不图谋私利,不计较个人的得失荣辱,一生政风清明,耿直敢谏。

吕公著非常反对朝廷滥用民力大兴土木。嘉祐六年(1061),朝廷为先皇真宗帝治宫室,公著为了不劳民伤财而犯颜极谏。当时,上清宫受灾而寿星殿独存,遂建为寿星观。有人言寿星殿像如同真宗御容,于是打算别建神御殿。吕公著上奏反对:"都城中真宗既有三神御殿,不该再建,请求罢其役。"但未得到圣上的允许。治平二年(1065),朝廷修盖庆宁宫,再次遭到公著的反对:"今京畿诸县及京东西、淮南州军,类多遭饥歉,民有饿殍。陛下方发粟赈贷,遣使存抚,远近闻之,皆知陛下有恻然忧民之心。然臣愚以为凡力役之事,非不得已者,皆宜权罢。况修盖庆宁宫非为急务,就使功力至微,然作于禁中,恐四方传闻,或致讥议。臣欲乞候将来郊礼成后,年谷稍丰日,徐议修盖。"在公著的一再谏言下,皇帝采纳了他的建议。他规劝帝王,如果统治者沉迷于声色,或者喜好建造华美的宫室,小人就会为迎合皇帝的喜好而到处奔走,并从中敛财,牟取暴利。由于小人极善伪装,统治者常常会被他们的伎俩所迷惑,误以为他们的行为于国有利,而不知其实是害国害民之举。而百姓受到损害后,会把所有怨恨都归罪于圣上,这是为君者不得不慎重考虑的。

元丰八年(1085)六月,吕公著总结历代兴衰的经验教训,上十事疏(即治国十策),认为人君(哲宗)即位,要修德以安百姓,其中有十件事最为重要,分别是畏天、爱民、修身、讲学、任贤、纳谏、薄敛、省刑、去奢、无逸。这十事中,"去奢"一条云:"然则节俭者,固帝王之高致也。况以天子之尊,富有天下,凡有四方万物,所以奉养于上者,盖亦备矣。然而享国之日寝久,耳目之所御者习以为常,入无法家拂士,出无敌国外患,则不期于奢而奢心自生……夫竭天下百姓所以相生相养之具,而以供人主无穷之欲;致人主于丧德损寿之地,而以邀己一时之荣,虽诛戮而不赦,固未足以当其罪也。"公著还在奏中言道:"人君恭俭节用,取于民有制,则民力宽裕,衣食滋殖,自然乐输租赋,以给公上。"他提醒哲宗,君主俭省节用则会使民力节省,民力节省则会使民众富足,民众富足、衣食无忧就会赢得民心,这样百姓才愿意奉上赋税。

吕公著还以前代君王为榜样劝说哲宗:"夏禹克勤于邦,克俭于家,而为三王祖。昔汉文帝即位,宫室、苑囿、车骑、服御,无所增益,而天下断狱四百,几致刑措。"他还以箕子的谏言警示君主要防微杜渐,不能养成奢侈之心。当年纣王想用象牙筷子,箕子劝阻道,天子现在用象牙筷子,当然算不上奢侈,若对象牙筷子不满意了就想到用金筷子,对金筷子不满意了又想到用玉筷子,奢侈之心就这样慢慢形成了。元祐二年(1087),太皇太后抱怨说:"近年减放赋敛甚众,然用度未尝有所损。"吕公著则直接回答道,皇室花费很大,应该去奢从简。在吕公著看来,天子是一国之主,富有天下,若外无敌患、内无忧心之国事,兴趣就会转移到贪图享乐之上,奢侈之心就会慢慢浮现。如果再有一些佞臣拨弄其间,加以诱导,变成穷奢极侈,后果将不堪设想。因此,他对朝廷和君主逐渐养成的奢侈之风非常担心。

  吕公著一再劝谏君主要时刻牢记戒奢从简,善于节流,这与他一定的民本思想和良好的家庭教育而养成的朴实无华的性格特点不无关系。吕公著非常重视民心的作用,认为民心向背,关系到国家安危,君主应该懂得顺民、养民、亲民、爱民。熙宁元年(1068),京师发生水灾和地震。吕公著上疏曰:"上以至诚待下,则下思尽诚以应之,上下尽诚而变异不消者,未之有也……自古有为之君,未有失人心而能图治,亦未有胁之以威、胜之以辩而能得人心者也。"其谏言人君遇到灾年要引起警诫,只有上下至诚,才可以消除灾害变异;朝廷只有体察民情,关心百姓疾苦,才能安定天下。吕公著出身于官宦世家,于家庭教育中受益良多,而与一般的"官家子"不同。其父吕夷简在任宰相兼枢密使时,公著从故乡寿州来京应试,遵守朝廷制度,和其他举子一样到京师书铺履行档案公证的手续,衣着朴实,谦虚有加,和常人无异,离去以后,有人说起,才知是宰相之子,众人都非常惊叹和钦服。

吕本中《官箴》诫劝

吕本中(1084—1145),原名大中,字居仁,号紫微,南宋诗人、词人、道学家、理学家。吕本中祖籍山东莱州,祖先为东莱(今山东莱州市)人,后迁居寿州(今安徽寿县),世称"东莱先生"①。他幼时聪颖,得到曾祖父吕公著的钟爱,十六岁时因作诗呕血而得疾终生,历任济阴县主簿、枢密院编修官、职方员外郎、起居舍人、中书舍人兼侍读、权直学士院等职。后来因为反对朝廷和议,与权奸秦桧进行斗争,得罪秦桧而被罢官。绍兴十五年(1145)七月,在贫病交加中,吕本中死于上饶城郊一座荒寒寂寞的古寺里。

吕氏一族,世代为官。吕本中的高祖吕夷简、曾祖吕公著为北宋仁宗、哲宗朝宰相,伯曾祖吕公弼、父亲吕好问位至执政大臣。吕氏先后做过尚书、侍郎等侍从官的有七人,至于一般的官员则难以计数。

吕本中把他们以及自己为官从政的经验教训加以归纳、梳理和总结,写成一部《官箴》。箴,作为一种文体,是用来规劝、告诫的。官箴,即对为官从政者的规劝和告诫。吕本中的《官箴》共三十三则,是其"居官格言"。一开头作者就开宗明义地指出:

---

① "东莱先生"是南宋思想家吕祖谦的号。起先,学人多称其伯祖吕本中为"东莱先生",又称"大东莱先生",称吕祖谦为"小东莱先生"。而到了后世,一般均称吕祖谦为"东莱先生"了。

"当官之法,唯有三事,曰清、曰慎、曰勤。知此三者,可以保禄位,可以远耻辱,可以得上之知,可以得下之援。然世之仕者,临财当事不能自克,常自以为不必败;持不必败之意,则无所不为矣。然事常至于败而不能自已。故设心处事,戒之在初,不可不察。借使役用权智,百端补治,幸而得免,所损已多,不若初不为之为愈也。"

作者认为,居官从政要遵循的最基本准则有三点,即清廉、谨慎、勤勉。只有做到了这三点,他才能保住禄位,远离耻辱,得到上级的信任和下级的支持。但现在有些做官的人,见利忘义,面对钱财,不能自我克制和约束,常常自以为他做的坏事神不知鬼不觉,不一定会暴露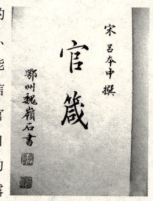出来。这种侥幸念头的存在,往往会使他们胆子愈来愈大,心无所畏、言无所戒、行无所止,什么坏事都敢去做。而在事情败露之后,大多会弄得不可收拾,即便靠耍弄权术或小聪明千方百计补漏救拙,侥幸蒙混过关、躲过处罚,然而其在道德、品行、声誉上已经损失很多了,所以不如当初就不做这些坏事。正如司马子微《坐忘论》所云:"与其巧持于末,孰若拙戒于初?"因此,吕本中正色告诫:处理事务,一开始就要自励自警,从心理上防患于未然,而千万不能心存侥幸。不逞一时之侥幸的确值得为官者深思!接下来,作者提出了以下两个颇为耐人寻味的见解和主张:

第一,"处官事如家事"。他说:"事君如事亲,事官长如事兄,与同僚如家人,待群吏如奴仆,爱百姓如妻子,处官事如家事,然后为能尽吾之心。如有毫末不至,皆吾心有所未尽也。故,事亲孝,故忠可移于君;事兄悌,故顺可移于长;居家理,故治可移于官。岂有二理哉？"这里，作者要求当官的人要转换角色：侍奉君王如服侍父母，侍奉长官如听命于兄长；对待同事要像对待亲人一样和善，对待下级要像对待奴仆一般友好；对待平民百姓要像对待妻子一般关爱；处理官场事务要像料理家事一样尽心。作者认为家事和政事是同一道理，侍奉父母孝顺，就能对君王尽忠；对待兄长恭敬，就能对长官服从；治理家庭有方，就能胜任官职。

第二，"常思有以及人"。意思是，当官处事要推己及人，要时时处处想着怎么做才能给老百姓带去好处。他举例说："科率之行，既不能免，便就其间求其所以使民省力，不使重为民害，其益多矣。不与人争者常得利多；退一步者常进百步；取之廉者得之常过其初；约于今者必有垂报于后，不可不思也。惟不能少自忍必败，此实未知利害之分、贤愚之别也。"北宋末南宋初，战争频繁，政府财政捉襟见肘，于是就额外增加了较多的赋税名目，有的地方官员为了取悦上司，甚至层层加码，底层百姓的生活愈发艰难和困苦了。对此，吕本中说，像征收税赋这类事项，既然必须照章办事，不能避免，在具体执行时，就要尽力减轻百姓负担，不要让其成为百姓的灾难。作者进一步指出，这样做所得的益处是很多的：不与百姓争利往往会获得更多的利益，政策上退一步事业上往往会进百步，向百姓征收赋税少一点，得到的往往会超过原先的预计，今天严格约束自己的行为，以后一定会得到很好的回报。不要只注重眼前利益和所得，而应着眼于长远和未来，吕本中的见解很有点辩证法的思想。

从写作上来看，《官箴》的段落内容安排并没有一个清楚明白的体系，但全文却有一以贯之的中心思想，也就是作者开宗明义指出的"清、慎、勤"之为官三法。《官箴》中所有的条目都是在阐释"清、慎、勤"这三项原则的具体内容。其中，"清"

主要指的是廉洁的概念,除了财物方面,也包含各种形式利益的获得;"慎"主要有三种意旨:慎思、慎始和远嫌疑;"勤"即尽心尽力做事。"清、慎、勤"这三项原则往往是相互关联的,而"清"又是为官从政者必须遵守的最基本的德行原则。下面再详细谈谈吕本中在《官箴》中对于"清"的看法和解释。

所谓"清",就是清心、廉洁,清心做官,不营私利之意。在《官箴》中,吕本中以其叔曾祖吕公孺和祖父吕希哲为例,进行了例说:

"叔曾祖尚书,当官至为廉洁,盖尝市缣帛,欲制造衣服,召当行者取缣帛使缝匠就坐裁取之,并还所值钱,与所剩帛,就坐中还之。荥阳公为单州,凡每月所用杂物,悉书之库门,买民间未尝过此数,民皆悦服。"

吕公孺官至户部尚书,史称"公孺廉俭","为政明恕","谈者清其节"。吕本中的祖父吕希哲曾被封为荥阳子,史书说他"乐易简俭,有至行"。在这里,作者试图说明这样的道理,即官员的个人道德修养(廉洁与否)关系到官员的人格高下及处事效果,官员清正廉洁,老百姓自然会悦服。吕本中以吕氏家人家事来教导意欲为官从仕的吕氏弟子,自然十分可信,也显得格外亲切和易于接受。

不少为官从政者因为出仕之初贪图小便宜,最终因小失大、一败涂地,作者就此提出了防微杜渐式的告诫:

"当官取佣钱、搬家钱之类,多为之程,而过受其直,所得至微,所丧多矣。亦殊不知此数亦吾分外物也。"

要做到清廉,就必须分外之物分毫不取,若有非分之想,贪恋财物,往往"所得至微,所丧多矣",因为所贪之物乃"分外物也"。至于像多领佣钱、搬家钱之类的"看起来没有什么大不了,自己所得也不多"的事情,千万不能忽视,因为"千里之堤,毁于蚁穴"。一个人内心的道德防线一旦被打破,将来很有可能越来越无底线，一发不可收拾。吕本中在《官箴》中还从反面说明保持廉洁的重要性，他特别指出，为官者除了要"自廉洁"外，还要注意"关防小人"和防范下属营私舞弊、索取钱物等。他说：

"后生少年，乍到官守，多为猾吏所饵，不自省察，所得毫末，而一任之间，不复敢举动。大抵作官嗜利，所得甚少，而吏人所盗不赀矣。以此被重谴，良可惜也。"

他提醒一些新到官守的后生少年，一定要警惕手下一些狡猾的属吏所设下的香饵，切不可因贪图小利而被他们所引诱。一般说来，初出仕者极易被"滑吏"所引诱。"滑吏"们想要"盗得"不当利益，必然会寻找保护伞，而上司自然就成为他们暗设的对象。如果当官的"不自省察"，接受贿赂，就只能听任他们的摆布，并且很有可能越陷越深，不能自拔。这样，为官的就会束手束脚，总是不能放开手脚做事，一任官因此也就没有什么作为。实际上，为官者贪图小利，自己所得到的往往很少，而那些"吏人"所得会很多，国家的损失则尤为巨大。如果因此而遭到重罚，实在是不值得。

显然，吕本中所说的这些"滑吏"，绝不只是封建社会所特有，甚至今天仍有不少人潜于暗处，处心积虑，伺机而动，所以不能不对此保持高度警惕。至于身边的属吏向别人索取钱物，吕本中强调这是要绝对禁止的："故人龚节亨彦承，尝为予言：'后生当官，其使令人无乞丐钱物处，即此职事可为；有乞丐钱物处，则此职事不可为。'盖言有乞丐钱物处，人多陷主人以利，或致嫌疑也。"为官之人如果身边没有人向别人索取钱物，那么他这个官还可以继续当下去；反之，如果他身边有人向别人索取钱物，那么他这个官就当不下去了。这是因为，属吏的行为或者把你拖入贪赃枉法的陷阱，或者给你带来许多说不清道不明的是非和嫌疑。那么，为官者如何防范下属营私舞弊呢？吕本中在《官箴》中举例说：

"狱中遣人勾追之类，必使之毕此事，不可更别遣人，恐其受赂已足，不肯毕事也。"

一个案件，事先安排了谁去查办，就要责成他做到底，其间不可再更换别人去做。因为一旦重新换了人，会造成原先查办之人收受贿赂后办事不力，你又难以追究他的责任。

吕本中所作《官箴》，本是用以规劝和告诫吕氏出仕弟子应遵守为官从政的一些基本道德准则和行为规范，但其对后世为官者影响极其深远。自宋代至清代，"当官之法，唯有三事，曰清、曰慎、曰勤。知此三者，可以保禄位，可以远耻辱，可以得上之知，可以得下之援"，一直都是官员的座右铭。清康熙皇帝曾将"清、慎、勤"三字当作钦定官箴，并御书"清、慎、勤"三个大字，刻石遍赐内外诸臣。乾隆皇帝钦定的《四库全书总目提要》中称此三字为"千古不可易，固有官者之龟鉴"。

不可否认，吕本中的《官箴》中包含着不少维护封建统治的纲常伦理说教，这是应该予以丢弃的。但其所强调的"'清、慎、勤'为官之法""戒之在初""爱百姓如妻子"以及防范下属及身边的人索取钱物、营私舞弊等思想，在今天依然具有十分有益的借鉴意义，那些身居要职的领导干部时时诵读并依循而行，必能获益良多。

【相关链接】

廉洁自律的宋代吕氏家族

为官清廉是中国古代官僚士大夫的优良传统。有宋一代，不乏廉洁俭朴、清正无私的官员。作为族望隆盛、人才辈出的官宦家族，吕氏一门亦以廉洁自律著称于世。

吕夷简叔父、宰相吕蒙正作为吕氏家族的奠基者，为其后世子孙树立了廉洁从政的榜样。据史料记载，"朝士有藏古镜者,自言能照二百里,欲献之蒙正以求知。蒙正笑曰:'吾面不过楪子大,安用照二百里哉?'"此二百里是说范围很大、照得很远的意思,我们可以推测,这面镜子定是某一朝士准备向吕蒙正纳贿之物,价格应当不低。面对此宝物,吕蒙正既丝毫不为所动,又以一种不伤人面子的方式拒绝了行贿者。吕蒙正廉洁执政的情形于此可见一斑。后来的吕夷简、吕公著等均深得吕氏廉政之真传,从政均能保持清廉之风,为后世子孙树立了绝好的榜样。

  靠先人之荫而开始官场生涯的吕祖谦,虽然一生所出任的均是秘书、编修、太学博士、教授等闲职,没有身居要津、手握重柄的飞黄腾达之时,但是他对官场吏治也特别关切,如对于其伯祖吕本中在《官箴》中所述之言,他铭记于心,奉为庭训。他在编《家范》时,就将《官箴》作为重要文件入编。其门人魏衍刚刚出仕,向其请教为官之道,吕祖谦便抄录《官箴》与之。在伯祖《官箴》的基础上,他亦为自己及出仕门人订立了告诫、规劝之类的条文,其中有关清廉方面的叙述居多。吕祖谦认为出仕者廉洁而不嗜利、贪财,这是立身官场的基本要求。他所列举的不当做法有:法外受俸、多量俸米、置造什物、买非日用物、不依实数请盘家送还钱、托外邑官买物、荐人于管下买物、亲知雇船脚用官钱(须令自出钱)等。对于这些有违廉洁为官之道的行为,吕祖谦劝谏意欲为官的都要注意避免。

  吕祖谦指出,凡出仕者均有朝廷俸禄,凭此开支自己的生活花费应该是够用的,因而"法外受俸""多量俸米"等就是违反朝廷规定的,这些不当收入,当属贪污所得,必须自行禁止。另外,凡是做官的不论官职大小,总有一定的权力,这些权力在实际生活中可以给自己或他人带来方便。正因为如此,总会有人千方百计地讨好、巴结他们以谋求更大的好处。比如说,托外邑官给自己买东西,为官的本人会付多少钱?推荐他人到自己管辖的地方买东西,又怎么会不便宜些呢?所以,这类事情是要尽力避免的。吕祖谦对于一些出仕者利用机会广置家业,为子孙谋利的做法极其不满。他认为当官的不要把家产看得太重,因为它毕竟是身外之物。在出仕期间最好不要置办家业,除了添置一些如"饮食及合用衣服"之类的家庭必需的日常生活用品外,不要购买"非日用物",购买、藏储"非日用物"留作以后使用是不好的做法。至于利用手中职权为相识相知的好友进行置买,也是不能去做的,因为他们为了回报你,将来会找机会为你做一些同样的或另外的事情,久而久之,就有可能造成互行方便、不当获利这种情况出现。公私分明对于为官者相当重要。吕祖谦强调,不要叫部属或其他人出界为自己办私事,凡是属于自己应当支付的费用,必须自己掏钱,绝不能用官钱办私事。最后,吕祖谦极力主张对那些贪赃之官吏绳之以法。他指出"凡法令所载赃罪皆为不廉",不得在法律上徇私情,不过可以在具体处理的方法上灵活一些。

和其很多为官从政的先人一样,吕祖谦也是官场上少见的廉洁之吏。虽然吕氏家族曾有官隆家旺的盛极之时,但到吕祖谦时家道业已衰落,生活上也有捉襟见肘的时候。他本人说过,在年成不好之际,甚至还要靠好友接济才能度过窘迫的生活,有时候他不得不亲自过问家庭生活的日常开支等一些琐事。吕祖谦家的实际经济状况到底怎样,难以确切考证,也许比他本人所说的要好一点,但已经不是很殷实,这一点应该是可信的。吕祖谦自二十七岁踏上仕途,至四十四岁病故,为官时间将近二十年,若是他在官任上对自己的要求放松一点点,稍有贪鄙的话,其生活也绝对不会那样清贫。

吏治的清浊得失,直接关系着国计民生,这是为官从政者必须时刻谨记的。吕夷简、吕公著、吕本中、吕祖谦等提出的诸多思想和观点,虽然距今已有千年的历史,也有其时代局限性,但是在治理整顿经济环境,加强廉政建设的今天,仍然能够给我们以启迪和教益。

(文中关于吕祖谦"为官之道"的叙述是根据潘富恩、徐余庆著作《吕祖谦评传》第四章第五节内容编写的,该书由南京大学出版社1992年出版发行。标题为编者所加)

董文炳慷慨解囊

董文炳（1217－1278），字彦明，真定（今河北正定）藁城人，元初大臣，著名军事将领。曾在寿县为官守战，留下清廉佳声。

至元十年（1273）夏，宋元两军在正阳城（今安徽寿县正阳关）下展开了一场惨烈的激战，战争双方的统帅分别是元枢密院参知政事董文炳和南宋淮西制置使夏贵。据《元史·董文炳传》记载：至元九年(1272)，董文炳"行院事于淮西，筑正阳两城，夹淮相望，以缀襄阳及捣宋腹心"。淮河两岸，东、西正阳，都成为元军的桥头堡，南宋朝野对此异常惊慌，调集重兵前来，"淮西大战"由此打响。当时，南宋军队乘淮河涨水之便利，由夏贵统领十万水师对元军驻守的正阳城发动猛攻，董文炳则组织元军拼死抵御。宋军攻势猛烈，董文炳身负重伤，"闷绝几殆"，但仍坚持在城楼上督战。最终，正阳城在董氏父子的顽强坚守下岿然不动，宋军则死伤累累，兵疲将衰，撤退而去。自此战之后，南宋军队再也不敢轻视正阳城。

正阳关之战后，董文炳继续率军转战各地，直至灭亡南宋，为元朝统一中国立下许多功勋。董文炳不仅是元初著名的军事将领，也是一位以清廉著称、为民谋事、深受百姓敬重的父母官。

董文炳十六岁时，其父去世。十九岁时，以父荫接任藁城县令。藁城这个地方本来就很贫瘠，再加上蒙古和金在这里经常发生战争，又遇到了旱灾、蝗灾等自然灾害，而朝廷的赋税却不降反增，百姓的生活就更加潦倒不堪了。见此情景，董文炳拿出自己家中数千石谷子替百姓代交赋税，以帮助他们度过当前的危机。董文炳的前任县令因应付军队需要，曾向当地私人借贷。贷家所收取的利息逐年增加，官府没有办法偿还这笔债务，就将其摊到百姓的头上，拿百姓的蚕和麦子去抵债。董文炳说："百姓已经很困苦了，作为县令，不忍心看到这样的事，我应当替百姓偿还。"于是，他把自家的田地拿出来，作价还给放贷的富户。同时，他又叫人把县府周围闲置的土地一一登记，分发给无地贫民耕种。这样，流散在外地的人渐渐返回。几年时间后，藁城县的百姓都比较富裕了。朝廷起初统计人口，下诏说有敢于隐瞒户籍实情的将被处死，并抄没家产。董文炳为了让百姓少交赋税，就叫他们聚集在一起居住，这样户数便减少了。县府里很多人都认为这样做不妥，会招来杀身之祸。但董文炳说："为民获罪，吾所甘心。"意思是为了老百姓的利益而被朝廷定罪，他是心甘情愿的。由此，当地赋税大大减少，老百姓也获得了较多的益处。

　　当时，州府的长官每到一个地方都会贪得无厌地求索财物，除了朝廷的各种苛捐杂税外，他们自己也要索取一份，并说"官吏乞取，民不能当"。对于贫苦百姓，董文炳慷慨解囊，但对于长官的这种近似公然索贿的行为，性情刚直的董文炳极其反感，当然坚决不给。因此，有小人暗中向州府长官进谗言，说董文炳没有任何东西去"孝敬"他们。州府长官于是就罗织罪名，意欲陷害董文炳。董文炳慨然而起，说："吾终不能剥民以求私利也。"随即其毅然弃官而去。

　　1278年，董文炳病逝。观其一生，在为官从政方面，他清正廉洁，为民着想，深受百姓敬仰。在军事上深得将士拥戴，每战必胜，是元世祖忽必烈非常器重的一位军事将领。

俞扶九友善邻里

在素有"凤城首府,中华名关"之称的历史文化名镇寿县正阳关,至今还流传着"贤良街"(又名"六尺巷")的故事,这个故事与清朝康熙年间的正阳名人俞扶九有关。

俞扶九,号华鹏,清朝顺治末年出生于寿县正阳关南大街。幼读私塾,也曾在正阳中学的前身——安丰书院就读。俞扶九于康熙三十年(1691)中进士,曾任浙江海县知县。由于为官清廉,忠于职守,政绩卓著,被清廷提拔,先后担任贵州道御史、奉天府府丞、大理寺常卿、顺天府府尹等职。俞扶

九年迈辞官后,回到故里,在正阳关安度晚年,于雍正元年(1723)病逝,葬于东乡。

贤良街在寿县淠河、颍河两河入淮之处的古镇正阳关。俞扶九在京城做官之后,俞家迁往正阳关南大街定居。和俞家作邻居的是一户姓周的铁匠人家,周铁匠家也是当地的名门望族,可谓财大气粗。一年,俞家与周铁匠家同时拆旧房盖新屋,两家都想向中间的过道延伸、扩展几尺,结果墙线一画,街巷显得太窄,人无法行走,甚至影响屋檐滴水。双方都希望按照自己的原定计划施工,互相争吵,各不相让,事情一直僵持不下,谁也不准对方动工。俞家的人认为自己有权有势,就派人进京送信给俞扶九陈述情况,要他过问此事,出面干涉,以压制周家使其让步。俞扶九问明来意后,向来人申明大义,

并修书信一封,叫亲人们以大局为重,友善邻里。俞扶九的家人收到回信后拆开一看,但见纸上书诗一首,诗曰:"千里传书为堵墙,让他三尺又何妨?万里长城今尚在,不见当年秦始皇!"(此诗又传为桐城张英所做)俞周两家争相传阅信件,都称赞俞扶九为人厚道。于是,俞家首先主动提出退让三尺墙,周家也被俞扶九的高风亮节所感动,也自愿退让三尺。结果街道变得更加宽敞明亮了。街宽人心更宽,居民深受感动,便把这条街命名为"贤良街"。

关于"六尺巷"的传说,全国各地多有出处,版本较多,寿县正阳关的贤良街和俞扶九的传说是其中较有代表性的一个。这则故事,给当下领导干部在修德律己、从政用权等方面以很多启示。首先,领导干部要有高姿态,不要把别人与自己、家人或亲戚朋友的些许纷争,看成是伤害了自己的颜面,而非得一争短长。俗话说,进一步,狭路相逢;退一步,海阔天空。"让他三尺又何妨"一个"让"字,让出了人生境界,给别人,更给自己让出了来去清白、进退自如的宽广大道。其次,"万里长城今尚在,不见当年秦始皇"也给那些身居高位者提出了告诫,即领导干部一定要戒绝欲壑难填的贪念。一者,即使今天赢了三尺地界,但自己又能享用多少年呢?再者,自古及今,那些穷尽心力追名逐利,甚至不惜贪污腐败、违法犯规者,最后又有几个能得其所愿?一旦东窗事发,不仅自己,他的家人都可能受其害。教训不可谓不深刻!《人民日报》曾刊发题为《走一走人生"六尺巷"》的文章,该文在结尾评论道:"六尺巷"是一把人生的尺子,值得我们经常拿出来量一量;更是一种人生修养境地的隐喻,值得我们经常去走一走。常走"六尺巷",修行正己,就会走出人生天地宽,走出人生的高天白云,从而无愧于后人的历史评说。

孙家鼐厉行俭约

孙家鼐(1827—1909),字燮臣,号蛰生、容卿,别号澹静老人,寿州人。咸丰九年(1859)中状元,一甲一名进士,授修撰,入直上书房。光绪四年(1878)受命与尚书翁同龢教授光绪帝读书。其间,历任工部侍郎、户部侍郎、礼部侍郎,以及吏部侍郎等职。光绪十六年(1890),授都察院左都御史,两年后擢工部尚书,兼顺天府府尹。光绪二十四年(1898),孙家鼐以吏部尚书、协办大学士身份主办了京师大学堂(今北京大学前身),并成为首任管理学务的大臣。光绪二十五年(1899),康、梁维新变法运动失败后,孙家鼐托病辞官,回乡探亲。光绪二十六年(1900)后任文渊阁大学士、学务大臣等。宣统元年(1909),孙家鼐卒于北京,归葬故里寿州。身后谥曰"文正",入祀贤良祠。

孙家鼐一生为官没有经历大的坎坷,这与他处处谨小慎微、自奉简约、不事奢华、不徇私枉法不无关系。在古城寿州,至今还流传着不少关于他"轻车简从返故里""严整家风"等生动故事。

公元1899年12月16日,在寿州八公山麓的古道上,行进着一队人马。中间端坐着一位身着便装的古稀老人,他就是清廷大学士、礼部尚书孙家鼐。孙家鼐自十六岁离家入京以来,除四十七岁那年因父去世回乡丁忧三年外,一直没有回乡长住过。

状元回乡的消息传遍了寿州古城,这可忙坏了知州魏绍殷、总兵郭宝昌,他们决定举行盛大的欢迎仪式接待这位状元帝师孙大人。按照常规,从北边来的人马均从北门入城。当天,寿州文武百官在知州的率领下一大早就赶到北门靖淮门列队等候,沿途旗帜飘扬,鼓乐阵阵,场面真是热烈而隆重。然而,让人没想到的是,从清早到日正头顶,一直没有接到这位孙大人。等候的人有点焦急,但又不敢怠慢。这时一个衙役来报:孙大人早已从东门进城回"状元府"了!原来,孙家鼐为了不惊动州县百姓,特地吩咐车夫改从东门宾阳门悄悄入城。

孙家鼐轻车简从,不愿惊动地方官员百姓的行为,让州人十分敬佩。到家后,知州、总兵等前来向他见礼。孙家鼐请他们上座,他们不敢,孙家鼐笑着说:"在朝廷我是大臣,在乡里你们是父母官。"执意要他们坐在上位。

前来看望的亲戚朋友中,有道喜的,也有诉苦的。他的亲侄子说,家里人口多,生活困难,希望能在京城为其谋个差事。孙家鼐立即说,我家在这里有一块地,面积不算小,你去收租过日子吧!之后,他的这个侄子及其后代一直在此收租。新中国成立之初,土改划分成分时,把他划成了地主。族人联合向政府反映,说他们家虽然几代人在此收租,但只有管理权而没有所有权,这些土地一向不是他们家的私有财产。有关部门一查老账,发现果真如此,于是又把他们的成分改为城市贫民。这说明孙家鼐当初确实没有利用职权为亲侄子谋职谋利。

一天夜晚,孙家鼐戴着小帽,穿着便衣,手提灯笼,独自探望亲友。他在回府行至钟楼巷附近时,巧遇都司率兵查夜巡逻。孙家鼐面墙而行,结果被都司误认为是"形迹可疑的窃贼"而被缉拿带走。当他们来到"状元府"门前时,孙家鼐要求叩门请人作保。守门人王兴见状大惊,说你们缉拿的是状元公,并痛斥都司的肆意妄行。都司一行人吓得不轻。第二天一早,知州、总兵等官员前来向状元请罪。孙家鼐不但没有怪罪都司,而且称赞他是位忠于职守的人,应该提拔重用。

还是这次回乡省亲期间,孙家鼐一次出城门时迎面碰上一个挑粪担的壮汉。那壮汉走得太急,把粪水溅在了孙家鼐的衣服上。孙家鼐只是看了他一眼,并未出声。然而,那壮汉却大声吆喝道:"我是状元家种田的,溅脏了你的衣服,你能把我怎么样!"孙家鼐一字一板地说:"状元家种田的也要讲道理,不能仗势欺人啊!"后来人们告诉那壮汉,你碰到的那个人正是状元孙家鼐,壮汉懊悔不已。几天后,四邻八乡的人都知道了这件事。从这件事上,孙家鼐深感家风问题严重:一个状元家种田的竟然都敢在大街上任性撒泼,不讲道理,那么族中子弟和亲戚还了得?绝不能任由这样的事发展下去!于是,他严定家规,不许后代子孙奢侈胡来。孙家鼐当时所定的家训包括:十六岁之前不许穿丝绸,不许穿皮毛;举止须以《礼记》为准则;如有偷、抢、奸等行为,族长有权给予严惩等等。直到今天,这些传统的家规和经久不衰的家风仍在无形中影响和约束着孙氏子弟的一言一行。

孙家鼐从严治家,以身作则。他一生不纳妾,只有两个儿子、两个孙子和两个孙女。儿孙都没有做官而成为医生,常免费为穷人治病。他在京城所住的房子(北京旧帘子胡同1号府第)外表跟普通居民的四合院差不多,毫不起眼。英国传教士李提摩太在其著作《亲历晚清四十五年——李提摩太在华回忆录》中指出:孙家鼐是当时所有中国官员中最有教养、最具绅士风度的人之一。

柏文蔚安贫简俭

柏文蔚(1876—1947),字烈武,寿县南乡柏家寨人。出身于书香门第,接受了良好的文化教育,但他不愿意走读书做官这条路,而是一直从事着争取人民自由和民族独立解放的革命活动。

早年的柏文蔚是孙中山的积极追随者。作为辛亥革命的宿将和元勋,他与孙中山、黄兴、李烈钧一起被誉为"辛亥革命四杰"。"中华民国"成立后,曾出任安徽都督,为安徽的教育、水利、交通等事业做出了很多努力,特别是禁烟,成绩尤为显著。宋教仁被袁世凯暗杀事件真相大白后,他坚决支持孙中山举兵讨袁的"二次革命"主张。他与江西都督李烈钧、广东都督胡汉民、湖南都督谭延闿先后通电宣布本省独立,以反对袁世凯的独裁专制,其四人被称为"讨袁四督"。蒋介石叛变革命后,柏文蔚深为忧虑和不满。在国民党阵营中,他是反对蒋介石独裁统治和反共政策的重要人物,比较同情中国共产党。柏文蔚性情耿介,疾恶如仇,亦以清廉自守、安贫简俭而著称。他毕生视钱财若粪土,不贪不恋,还经常教育部下和家人要始终保持朴实无华、不骄不奢的生活作风。

柏文蔚清廉自守、刻苦勤劳的美好品德是很早就养成了的。他少年时期常常召集村中伙伴,手拿木竹,编成队形,模仿军人进行操练,边操练边对小伙伴们宣称"要杀尽一切恶类及贪官污吏",表现出了对一切邪恶势力和害民肥己者的愤恨之情。后来,他潜心钻研农学,虽"胼手胝足",亦"处之夷然,不以为苦"。

"二次革命"后,柏文蔚退出安徽,到南京接任江苏都督。在接管了造币厂后,立即下令封存,全部作为军用。当时,柏文蔚全家老小随同他一起搬到南京,但他因为事务繁忙,很少回家探望。因此,他对家中生活状况知道得不多。到南京后,家里越来越拮据,常常入不敷出,一家人有时候甚至拿不出伙食费,主持家政的柏母十分焦急。有人告诉柏老太太,你儿子接管了造币厂,钱多得很。柏母不明真相,找回柏文蔚对他大发脾气。柏文蔚见此情景,只得写借条借了两百元,以应付家用。

1928年前后,柏文蔚一家搬到南京祠堂巷的一所房屋居住,柏家隔壁就是国民政府财政部所在地。时任财政部部长的孔祥熙托人来说,财政部扩建需要柏家这块地,希望柏家能搬到别的地方去住,并说,随便柏家要什么地方,也随便盖什么样

1924年1月国民党一大预备会上与孙中山等合影,前中为孙中山,前左五紧挨孙中山者为柏文蔚

的房子,钱物等全由财政部负责。柏文蔚慷慨答道:"既然政府需要,我愿将这所房子奉送,再搬到其他地方居住,至于钱物等事情就不劳政府费心了。"恰巧柏文蔚的好友江彤侯当时举家北迁,他把自己在玄武湖边的一块地皮和几间平房送给了柏文蔚。柏家于是就搬到玄武湖边住下了。第二年,柏文蔚给江彤侯送去五百元钱抵作房价。因柏家人多,房子太小,后来又添建了两间,柏文蔚自称这些房子为"柏园"。柏文蔚在南京担任国民党中央执行委员及国府委员的那几年时间

里,就是在"柏园"度过的。

抗日战争爆发后,柏家离开南京,迁居湘西永绥(今湖南花垣县),随行的家人、亲友和旧部都靠他的薪金来维持生活。那时,他作为国民党政府委员,每月工资是八百元,只能勉强维持生计。后来由于物价暴涨,货币贬值,生活愈加艰难。柏文蔚便号召大家节衣缩食,要节俭过日子,并带头和家人一起吃玉米饭,还教育子女道:"战士们在前方打仗很艰苦,我们在后方吃点苦是应该的嘛!"

抗战结束后,柏文蔚又回到南京,玄武湖边的房子早被日本的飞机炸成废墟,只能借住在亲戚家中。当时,柏文蔚还是国民党中央执行委员和国民政府委员,蒋介石提出要为柏文蔚建造住宅,并配给一辆轿车,但他都一一拒绝了。从此以后,柏文蔚直到去世也没有属于自己的住宅。他常常提醒部下,"干革命不能爱钱财",还和老部下相约:不为子女置产业。

1947年4月26日,柏文蔚在上海南洋医院逝世,终年71岁。他辞世后,除了一些打了补丁的随身衣物和平时写字用的几支毛笔、两块砚台和几锭墨条之外,其他的什么也没有留下。柏文蔚逝世前曾立下遗嘱,大意说:我一生清廉自守,希望儿女们照此美德,努力做下去,以保持家风。

孙大光捐资助学

孙大光(1917—2005),初名世蔚,号四味,寿县堰口镇人。

1917年1月7日,孙大光出生于安徽寿县一个贫穷的农民家庭。少年时受到进步思想熏陶,向往革命。十六岁赴上海当学徒,翌年加入共青团。十九岁担任共青团江苏省委宣传部长,成为职业革命家。新中国成立后,他于1964年担任交通部部长。"文革"时,孙大光被关押、监禁长达五年半之久,后在周恩来总理干预下出狱,复出时已五十八岁。在此后的十年,他担任地矿部部长,使百废待兴的中国地矿事业快速复苏,走上了兴旺发达之路,这段时间被人们称为地矿业的"十年中兴"。

孙大光为官一生,两袖清风,平生最大的爱好就是收藏文物,尤其以名人字画为主。20世纪50年代初,一个偶然的机会,孙大光迷上了字画收藏,从此就把全部的积蓄和业余时间都用在这方面了。然而让人没有想到的是,后来他竟然把其精心收藏的宝贝全部捐献给了安徽省博物馆和地方教育事业,以补学济困。

1986年夏天,刚刚退居二线的孙大光与夫人张刚回到了阔别五十三年的故乡——安徽寿县。他一回到堰口镇,就提出要去探望他的母校——寿阳公学。那天下着小雨,当他来到学校的时候,竟被眼前的情景惊呆了。五十三年过去了,寿阳公学还是以前那个样子。学校周围的场地上一片泥泞,房屋千疮百孔,窗户上连块玻璃也没有,每间教室里黑压压挤着近百名学生听课。孙大光老泪纵横,黯然神伤。离开学校的时候,他说了一句话:"我们有责任把教育搞好!"

回到北京后,孙大光郑重地召开了一个家庭会议,在这个非同寻常的家庭会议上,孙大光提出,他要捐出一批自己收藏的藏画和古董文物,帮助自己的家乡建设学校。夫人张刚和孩子们都表示愿意支持他。于是,孙大光夫妇将全家节衣缩食数十年、精心购藏的一百九十五件文物珍品拿出来,捐赠给了安徽省博物馆。这次捐赠的艺术珍品,从年代上看,上溯战国,下至明清,多为大家力作,价值连城。安徽省博物馆接受捐赠后奖励了孙大光四十五万元人民币,款项直接划拨给寿县作为建设学校的专项资金。孙大光一家分文未留。

1990年5月1日,由孙大光献宝捐资兴建的安徽寿县堰口小学教学楼、安徽寿县一中综合教学楼落成剪彩。孙大光借孟郊诗句"报得三春晖"之意,为寿县一中综合教学楼题名为"春晖楼"。母校的面貌变了,孙大光的心里也得到了些许安慰。他说:"安徽教育很落后,特别是寿县,我没给家乡做过什么事,只能尽自己所能,为家乡教育办点实事。"

1997年,孙大光又将第二批捐赠所得一百万元奖金捐给堰口镇和正阳镇办教育。堰口镇积极响应孙老的义举,多方筹措配套资金,扩建了堰口中学教学楼。堰口中学的大门上,孙老亲笔题写的"堰口中学"四个大字,苍劲有力,熠熠生辉,激励着莘莘学子孜孜求学。

1998年的春天,孙大光从报纸上看到一篇报道,得知安徽一部分学生因贫困上不起大学,心中十分忧虑。他把张刚叫到自己的病床前,道出了心中的愿望:"把家里剩下的那些书画,交给拍卖公司卖掉吧!设个助学基金,奖给我的那些安徽籍同乡贫困生。"张刚是一位德高望重的教育家,对学生怀有深情,对孙大光情系贫困学子深为理解。孙大光一开口,她欣然应允,全力支持。为妥善了却孙大光的心愿,她亲自与有关方面联系。最后,他们终于为毕生心血寻找到了一个理想的归宿,同时决定在安徽设立一个奖助学基金。

1998年5月9日,太平洋国际拍卖公司隆重推出了"孙大光、张刚捐赠教育基金中国书画专场拍卖会",共拍出孙大光夫妇收藏的五十多件书画精品。这次拍卖,除去佣金,孙大光夫妇共得四百五十万元。他们还是一分未留,全部捐给了家乡的教育事业。其中,一百万元以定金的形式,早在拍卖会之前,就直接转交给了寿县,给寿县一中盖了一栋实验楼,给正阳中学建了一栋教学主楼,并在堰口乡设立了助学金,帮助那些上不起中小学的孩子。其余三百五十万元,委托安徽省教育厅用来成立"孙大光、张刚奖助学金",每年资助四十名大学生,每个学生两千元,直至他们毕业。

在"孙大光、张刚奖助学金"管理委员会成立仪式上,年愈八旬的孙大光以质朴感人的语言抒发了他对家乡的一片深情。他说:"我虽一辈子在外工作,但爱乡之心殷切,安徽是生我养我的地方,我要尽我所能,为家乡多做点实事。社会发展关键靠科技和人才,基础是教育。希望大家同心协力,把设立奖助学金的事情办好,激励青年学子努力学习,报效国家。家乡要是能再出一个'杨振宁',我就非常满足了。"

了解孙大光的人都知道,他的那些文物许多都是在他们一家节衣缩食、省吃俭用下购得的。"文革"前,孙大光和张刚两人的工资加在一起有四百多元,在当时也不算少,但除了日常开支和抚养子女,每月所余几乎全部用来购买字画了。为此,他们家常常入不敷出,很长时间里连一部半导体收音机都没有,儿子想买辆自行车不行,女儿渴望有一架自己的钢琴也不行。可以说,购书画文物花费了孙大光大半生的心血,书画在其心目中简直就是他的生命。然而,为了改善家乡孩子的学习环境,为了振兴家乡的教育事业,他最终还是毫不犹豫地将之全部捐出。他捐的不仅仅是文物,更是一颗赤诚火热的回报桑梓之心。然而,有谁知道,孙大光的个人生活却十分简朴节俭。他身体不好,有便秘的毛病,医生让他多吃含粗纤维的蔬菜,可他的牙坏了,咬不动,医生建议他把蔬菜打成糊或榨成汁吃。秘书说可以买一个榨汁机,当他听说当时最便宜的飞利浦榨汁机也要四百多元时,连连说,太贵了,太贵了,坚决不同意买。他的夫人张刚则把20世纪60年代补了很多补丁的毛衣硬是穿到这个世纪。他们生活中每有一点结余,往往都会捐赠给身边急需用钱的同志和资助亲友的孩子们工作、上学。

孙大光的义举在国内产生了极大影响,受到社会各界人士的高度赞誉。中国书法协会前主席、文学家、文物鉴赏家启功先生有感于孙大光捐资助学的功德之举,曾挥毫赋诗:

笔精墨妙推前修,法书名画垂千秋。

历经劫火稀传流,寿州伉俪勤搜求。

朝披暮卷欣忘忧,盈箱溢箧何胜收。

不甘自秘韫椟留,遥为桑梓琼瑶投。

树人之资贻远谋,与众同赏诚嘉猷。

昔人妙迹幸有托,贤无古今堪相俦。

政治上,孙大光对党风廉政建设和反腐败斗争也非常关注。1988年7月,他给中央写了一封信,希望中央能够建立有效的监督机制,从政治体制上彻底解决领导干部腐败问题。这封信写得言辞恳切、坦荡净谏,其耿直、清廉的个性体现无遗。针对领导干部去世后遗体告别仪式互相攀比、劳民伤财,民间丧事大操大办风气愈演愈烈,封建迷信流行泛滥等社会不正之风,孙大光极其反对,并在不同场合倡议移风易俗,丧事从简,取消向遗体告别仪式。1989年6月,中共十三届四中全会召开。在这次会议上,孙大光向中共中央书记处递交了一份包括他本人以及萧克、陈锡联等二十六名中顾委同志联合签名的《关于取消向遗体告别仪式的建议》。该建议书提出了移风易俗、丧事简办的倡议和个人做最后一次贡献的坚决要求,即领导干部去世后不开追悼会,不搞遗体告别,将自己的遗体捐献给国家的医学研究事业。这一建议在党内外引起广泛、深刻的反响。他和一批老同志共同认为,"纪念逝者,发一纸讣告,在报刊上介绍生平或发表悼念文章回顾其功绩",同样可以寄托哀思,而无需将其过于形式化。该建议得到了党中央的高度重视,先是刊登在1990年第30期的《中办通报》上,后又在《人民日报》上全文发表,对扭转当时的不良社会政治风气起到了一定作用。

2005年1月13日,孙大光因病医治无效,在北京逝世,享年88岁。根据其生前遗愿,其丧事从简,不开追悼会,不搞遗体告别仪式,遗体捐献给医院做研究之用,骨灰送回安徽寿县老家,埋于八公山上的树下。他兑现了自己十六年前的诺言,表现了一个彻底唯物主义者的高风亮节,也为我们树立了一个真正的共产党人应有的气度、品格和风范。

孙大光的仁风义举、廉正无私,足可光耀千秋、垂范后世!

参考文献:

[1]孟垫.古寿春漫话[M].合肥:黄山书社,1989.

[2]吴寿祺.安徽历史人物[M].合肥:黄山书社,1990.

[3]时洪平.人物英华[M].合肥:安徽人民出版社,2009.

[4]时洪平.寿县历史名人[M].合肥:安徽美术出版社,2012.

[5]赵璐.宋代东莱吕氏家族教育研究[D].华东师范大

学硕士学位论文,2009.

[6]李成学.吕夷简评传[D].湘潭大学硕士学位论文,2010.

[7]方亚兰.吕公著研究[D].上海师范大学硕士学位论文,2011.

[8]潘富恩,徐余庆.吕祖谦评传[M].南京:南京大学出版社,1992.

[9]韩酉山.清、慎、勤:为官的基本准则——说吕本中的《官箴》[J].安徽史学,2007,(4).

[10]麦群忠.柏文蔚:一身傲骨,一心革命[J].文史春秋,2013,(12).

第二章 革命先驱与寿县红色文化

第二章　革命先驱与寿县红色文化

寿县是一片古老而神奇的土地,也是一方洒满仁人志士、革命先烈鲜血的红色热土。在中国历次重大的革命活动中,都有许多寿县志士和英烈的名字,他们成为后世永远的缅怀和纪念,由此而凝成了厚重悲壮的寿县红色文化。新民主主义革命时期,无数寿县热血青年积极加入到反帝反封建的革命斗争和推翻旧社会、建立新中国的伟大事业之中。他们在党的领导下,前赴后继,英勇奋战,为新中国的诞生做出了巨大牺牲和卓越贡献,他们的名字值得永远镌刻在红色的丰碑之上。

古城寿县是传播马克思主义和建立中共党组织最早的地区之一。早在 1920 年,正阳关人高语罕受陈独秀委托,回安徽从事建立党团组织工作,其编写的《白话书信》是安徽省最早、最系统的传播马克思主义的书籍。1923 年,曹蕴真、薛卓汉等成立了直属党中央领导的中共寿县小甸集特别支部。这是安徽省最早建立的党组织,虽然该支部的活动时间不长,但其首点火炬、首举旗帜之功,意义深远。半年后,共产党人胡允恭等创办的淮上中学补习社及补习社特支,再一次扩大了党的影响,发展了党的队伍。南昌起义后,共产党人孙一中等受党组织派遣,进入柏文蔚部接办第 33 军学兵团。学兵团一方面保存了大批参加南昌起义、广州起义的共产党员;另一方面,所培养的许多青年后来都成为当地革命斗争的骨干。1931 年,由皖北(寿县)中心县委组织发动的震惊江淮的瓦埠暴动,揭开了寿县人民武装斗争的序幕。从此以后,寿县武装斗争在共产党人的领导下,此起彼伏,一直没有停止过。1929

至 1934 年,中共中央在正阳关设立了中央交通站正阳分站。正阳交通分站曾护送舒传贤、方运炽、沈泽民、张琴秋等人前往上海党中央或进入皖西苏区,还曾为皖西苏区提供情报,使红 25 军顺利占领正阳关,获得大批枪支弹药等军事物资。

除此以外,这里所诞生的红色先驱,还有工运领袖孙津川、黄埔精英茅延桢、"一门三烈士"曹渊、曹云露、曹少修,以及方运炽、李坦、仇西华、曹鼎、曹广海、曹广化、赵策、王道舟……他们中的很多人都英年早逝,或战死沙场,或慷慨就义,或含冤殉节,得到后人永远的缅怀和纪念。

1949 年 1 月 17 日,是寿县人民扬眉吐气的日子。这一天,寿县和平解放。后来,刘伯承司令员、李达参谋长、张际春副政委率中国人民解放军第二野战军第六纵队开进寿县,利用淮河和瓦埠湖水面作为渡江演习和训练的场地。寿县人民再次迸发了高昂的革命热情,纷纷投入支援渡江战役的热潮中。渡江战役胜利后,古城人民奔走相告——刘司令是从俺寿县出发去强渡长江的!

岁月峥嵘的战争年代已然过去,但我们应该时刻铭记那些革命先驱的名字,是他们映红了壮丽的寿县革命史。今天,勤劳勇敢的寿县人民为纪念先烈留下的红色足迹,新建或重修了小甸寿县革命烈士陵园、特支成立纪念地、一中学兵团遗址、方振武墓园、中共寿县一大会址……它们与遍布寿县各地的故居、纪念碑等成为人们缅怀先烈、重温红色文化的爱国主义教育基地。

本章所载与寿县红色文化有关的革命先驱主要有:高语罕、孙津川、茅延桢、曹蕴真、薛卓汉、方运炽、胡允恭、孙一中、李乐天,以及"一门三烈士"——曹渊、曹云露、曹少修等。

"五四"先锋高语罕

高语罕(1888—1948),原名高超,号世素,安徽寿县正阳关人。

1888年,高语罕出生于寿县正阳关盐店巷一个颇有名望的汉学家家庭里。年幼时,随父亲在私塾读书。1905年,他东渡日本,进入早稻田大学。1907年回国后,即投身于辛亥革命之中,曾参加熊成基在安庆发动的马炮营起义。

1916年秋,高语罕来到安徽芜湖省立五中,任学监兼授英语。在省立五中,他创办了安徽省第一个学生自治会,由学生审查学校经济,评论教师授课水平,监督厨房买菜,管理学校卫生等,在一定程度上冲击了当时学校的旧式管理模式。与此同时,高语罕还倡议创办了工读学校、平民学校和商业夜校,教学对象主要是贫民子弟、工厂工人、人力车夫、商店店员和学徒等。著名的《白话书信》就是高语罕根据其在商业夜校、平民学校和工读学校授课的讲义编辑而成的。"五四"运动爆发的消息传到芜湖后,高语罕组织进步师生奔走呼号,声援支持。在高语罕等人的带动和领导下,芜湖乃至安徽的学生运动开展得有声有色,多年不衰。其中,芜湖五中被北京、上海的进步报刊称为"执安徽学生运动'牛耳'的学校"。

1920年,上海、北京共产主义小组相继成立,高语罕来到北京,后经李大钊介绍,加入了中国共产党。此后,他便在安徽芜湖等地着力传播马克思主义,并注意组织宣传工人群众,与他们打成一片。

1925年12月,高语罕任黄埔军校政治教官,讲授政治学概论课程。他是当时"最受学生欢迎的政治教官"之一,和恽代英、张治中、邓演达四人被誉为"黄埔四杰"。次年1月,高语罕作为我党指定的出席国民党"二大"的党团书记,在会上发言,提出了纯洁革命队伍,分清敌我界限的问题。他讲道:"我们要改造整个社会,不是打倒几个人就行了,打倒北方一个段祺瑞,恐怕南方还会出现一个段祺瑞,我们要在社会制度上想办法。"他还在很多场合,不无警醒地指出,"不仅要打倒北方的段祺瑞,也要打倒南方的段祺瑞"。果不其然,1926年3月18日,蒋介石阴谋发动了中山舰事件,并指斥高语罕、恽代英、邓演达、张治中为"黄埔四凶",下令予以逮捕。1927年大革命失败后,高语罕在江西九江甘棠湖上与叶剑英、叶挺、贺龙、廖乾吾等共同策划并参加了南昌起义。

高语罕与陈独秀一直保持着深厚友谊。从奔走于民族民主革命,到提倡新文化运动、反对蒋介石独裁统治等,他们互为知己,惺惺相惜。"八七"会议后,陈独秀被排除于中央领导层之外,高语罕则继续追随陈独秀。1929年12月15日,已被开除党籍的高语罕与陈独秀等八十一人联名发表《我们的政治意见书》,正式加入"托陈取消派"。1932年,陈独秀被捕,"托陈取消派"亦被网罗殆尽,高语罕逃亡香港。此后一二十年间,高语罕一直处于闲居状态,生计艰难,靠卖文以及友人、学生接济度日。1948年春,高语罕在贫病交加中去世。他死后竟无以为殓,终靠别人之助,方得安葬。

总览高语罕的一生,我们既能够看到其早年意气风发、一往无前的雄心和气概,又能够感受到他晚年闲居在野、憔悴作诗人的孤单和寂寞。他去世后,国民党中央组织部部长、昔日黄埔军校同事陈立夫立即前往吊唁并发起追悼会。原上海大学同事、国民党元老于右任亲题碑名"高语罕之墓"。同年，《民主与统一》刊登了《悼语罕先生》一文，文中指出："他今天虽然逝世，他的精神继续活着。凡为人民利益及真理奋斗的青年，都应以高先生的人格为榜样，中国才能达到自由与复兴。"

【相关链接】

白话书信

在高语罕丰富的著作中，《白话书信》是其代表作之一，也是其发行量最大的一部著作。该书写于1920年，出版于1921年1月，其与陈独秀的《独秀文存》、胡适的《尝试集》为上海亚东图书局最畅销的三部书。《白话书信》先后共印过二十版，发行十余万册，影响了无数青年志士。

全书共六个部分：自序、绪论、家庭书信、社交书信、工商书信、论学书信。

作者在自序中说："白话书信是我教芜湖商业夜校底学生底讲义，实在和人往来和论事、论学底书信，不过十之一；其余皆是'亡是公''乌有先生'。但是每篇皆含有社会极切要，亟待解决的问题。"这些"社会极切要，亟待解决的问题"归纳起来就是"五四"以后的中国社会运动以什么思想为指导，走什么道路，以何种方法来解决？高语罕在《白话书信》中做了回答，主要内容集中在《工商书信》和《论学书信》中。虽然在他的回答中还掺杂一些错误观点，但总体来看，在宣传马克思主义的基本观点上是正确的。

"五四"以后中国的社会运动以什么思想为指导？当时一些研究这个问题的人们均认为"社会主义是解决现在、或将来社会问题底一种最适当的方法。并且以为中国若实行社会主义便可立致太平"。但在什么是社会主义问题上,却理解模糊:或认为社会主义就是使社会改良,或认为社会主义是政治的一种方法,或认为社会主义就是以生财之物与所生之财,皆属之于社会等等。高语罕明确回答:要以科学的社会主义来指导,"科学的社会主义,到德国学者马克思才发明。他是主张:人类底历史就是'阶级斗争'(Class War)的历史;人类历史的变动,是意底变迁,都是受经济变动,物质变动的影响。因此便组成他的'唯物史观'底哲学(The Theory of Materialism);谈到社会主义,莫不以马克思为祖宗"(《论学书信》《九五·廖天一给贺独鹤底信》)。而"马克思底社会主义,又分做三项说明——(1)唯物史观;(2)赢余价值;(3)阶级斗争"(《论学书信》《九六·蔡戡天给周为人底信》)。就是在这封托名《蔡戡天给周为人底信》中,高语罕以通俗化的语言向工人群众简明扼要地阐述了马克思社会主义的三个基本观点。他是这样阐述唯物史观的:"人类的文明史,不是由人类精神造成的,乃是由物质境遇造成的。所以他的思想生活都是随着物质境遇变迁的,换句话说,人类底进化,社会底变迁,都是受经济变动底影响。"在叙述"赢余价值"观点时,他告诉工人群众,"从前计算物价,总以资本家所费的资本为标准。现在计算物价,要以生产者——工人——所出费的劳力为标准。譬如工人每月费六小时造成一样东西,便可够他生活,现在资本家雇他做工,若只做六小时,他便没有好处,势必要增加劳动时间,增加工人每日生产率。工人只得着他劳动所生产的一小部分利益,其余的赢余,都为资本家侵蚀以去,这就叫做'赢余价值'"。而"阶级斗争",他是这样阐述的:"资本主义便是'阶级斗争'底产母。有了资本家底阶级,便生出'劳动者'一阶级;换句话说,有了掠夺者底阶级,便有被掠夺底阶级——他们两个绝对不能相容的。资本家顾自己底利益,不顾劳动者底死活,劳动者底生活,完全受资本家底支配,人类是爱自由幸福底动物,这种待遇,当然生出一种恶感——都是因为利害的冲突,便入了战争的状态,就叫做'阶级斗争'"。为了使工人群众及其社会运动积极分子们更全面地理解马克思主义并以这个主义为指导思想,高语罕开了一张书单:《社会主义史》——新青年社出版;《各国社会主义思潮》——商务印书馆出版;《共产党宣言书》——新青年社出版;《共产党月刊》——新青年社出版;《近世经济思想史论》——泰东书局出版;《欧洲政治思想小史》——中华书局出版;《马克思资本论入门》——新青年社出版;《旅欧六周见闻记》——北京晨报社出版。

中国走什么道路,以何种方法解决社会问题?高语罕在《白话书信》中以较多的篇幅,赞扬了俄国十月革命,并驳斥了社会上对俄国革命的诬蔑。显而易见,他是主张走俄国的道路的,并以俄国十月革命的方法解决中国的社会问题。

针对社会上把俄国"布尔扎维"(布尔什维)主义认做"过激主义",把"布尔扎维克"(布尔什维克)派认做"过激派"的观点,他阐述道:"至于'布尔扎维'主义,差不多可以说是俄国底马克思主义。""布尔扎维克是马克思主义的信徒,他们唯一的主张,是'第四阶级独揽政权'。他们只认劳动阶级为'人民',不认有产阶级为人民。不但不认他们为人民,反认他们为仇敌。他们反对议会政治,反对与第三阶级调和。原来俄国社会主义有两派,一派叫做'布尔扎维克',一派叫做'门扎维克'(孟什维克)。'门扎维克'底意思是'少数党'。'布尔扎维克'是多数党。但不幸传到日本,布尔扎维克便被帝国式底社会主义家硬把他们起了混名叫做'过激派'!更有我们'听着风便是雨''神经过敏'底中国人,听见这三个字便'变色而作',好像小孩子们怕鬼似的。咳!可怜!"《论学书信》《九六·蔡戬天给周为人底信》)为了澄清一些人,特别是工人群众对俄国布尔扎维克的不正确的看法,高语罕在托名《李复临给温伯棠底信》中,告诫有知识的觉悟者在向工人群众宣传时,除了"散布关于劳工会底白话警告"和"与工界男女作非正式的谈话,或露天底演说"外,还必须"发行白话劳工定期出版物",出版物的内容"以介绍唯物史论,阶级斗争底社会主义和俄国多数派苏维埃劳工共和国底状况为限"。(《工商书信》《八十·李复临给温伯棠底信》)走俄国的道路,采取俄国十月革命的方法,就不能在中国对资本主义"取请愿的方式","要做爽快的,直接的行动"。这就是"打破资本制度,所有财产概归生产者所有","打破阶级制度,一切平等","打破现有的家族制度"。(《工商书信》《复上海药业友人江天左底信》)但运动的步骤不可没有先后,"第一步对于资本家底要求,是待遇的改善:如工头制底取消,包工制度底取消和工作时间底减少,工资加多等等","第二步对于资本家底要求,是工人直接管理生产机关的特权。就是从根本上打破资本主义底社会组织。"(《工商书信》《八三·桂道平再给孙均一底信》)高语罕认为,"第一步很容易达到,第二步却不容易。而没有第二步的鞭促,第一步也不容易,就是做到了,也不能彻底,就是还是依然要做资本家底奴隶,逃不了'无产阶级'底痛苦。"(引文出处同上)因此"第四阶级独揽政权"(即无产阶级)是十分必要的。

由上述可见,《白话书信》表面上看是一本教人们怎样用白话文写信的入门书,其实,这是作者为逃避当局审查的聪明安排——采用书信体的形式宣传新思想和新文化。正如作者所说,"每篇皆含有社会极切要、亟待解决的问题",如"家庭书信"涉及政治、妇女平等和婚姻自由问题,"社交书信"论及了社会的不公和政局的黑暗,"工商书信"讲的是劳工痛苦和资本剥削,"论学书信"则以通俗易懂的文字宣传了马克思主义、

《共产党宣言》和社会主义主张等。

总之,《白话书信》围绕"五四"运动以后中国以何种思想为指导,走何种道路,采取何种方法解决社会矛盾等一系列具有深远影响的重大问题,系统宣传和介绍了马克思主义的基本原理(如阶级斗争、剩余价值、唯物史观、无产阶级专政等),还充分肯定和赞扬了苏联十月革命和苏维埃政权。作为安徽最早、最系统传播马克思主义的读本,《白话书信》对推动安徽新文化运动和引导广大青年信仰马克思主义,起到了极大的促进作用,在全国思想界也产生了很大的影响。

(第三、四、五、六段文字选自《高语罕与〈白话书信〉》一文的部分段落,中共芜湖党史网:http://www.wuhuds.cn/index.php/Scrapdetail/index/id/342.)

工运旗帜孙津川

孙津川(1895—1928),又名方淦,曾用名孙竞川、孙继生,安徽寿县人。

1895年1月22日,孙津川出生于一个贫苦的工人家庭。由于父亲早逝,孙津川十一岁起先后到南京、上海做工。他曾和工友一起就工伤医疗费、童工生活待遇等问题与资本家进行斗争。1924年秋,孙津川在上海与中共党员彭干臣相识,并在其影响下走上革命道路。1925年"五卅"运动后,他致力于沪宁、沪杭甬两铁路工会的建立工作,被选为工会筹备委员会委员,同时还为筹办工人夜校献计献策。在党组织的领导下,工人夜校迅速发展壮大,孙津川也从中受到了马克思主义先进思想的影响,阶级觉悟不断提高。1925年8月,他在彭干臣、王凯的介绍下加入了中国共产党。这一年年底,中共吴淞机器厂特别支部成立,孙津川被选为特支书记。

孙津川是上海工人第三次武装起义的主要指挥者之一。1927年初,为配合北伐军攻占江西,克复上海,中共中央决定在上海举行工人武装起义。由于种种主客观方面的原因,前两次武装起义都以失败而告终。3月5日,在孙津川的直接领导下,吴淞机器厂工人举行大罢工,从而揭开了第三次武装起义的序幕。起义中,孙津川组织训练了一支由他担任大队长、由六百名铁路工人组成的工人纠察大队,并亲自率领武装纠察队，配合别动队，攻打上海防守司令部。在战斗中，他身先士卒，头上的礼帽被子弹打穿也毫不理会，继续作战。第三次武装起义胜利后，他带领工人抢修铁路，恢复交通和社会秩序。3月28日，工人代表八十余人在闸北总工会会所开会，上海铁路建路以来最早的统一工会组织成立了，孙津川被选为沪宁、沪杭甬两铁路总工会委员长。

1927年4月12日，蒋介石悍然发动了反革命政变，血腥镇压工人纠察队和革命群众。当天下午，孙津川带领上海工人参加了反对蒋介石破坏革命、倒行逆施之罪行的声讨大会。此后，孙津川不顾个人安危，往返奔走于武汉、九江、上海等地，代表全国铁路总工会接待和安置苏、浙、皖、赣等省的流亡人员，营救被捕同志，秘密整顿和恢复各地铁路工会和党组织。其间，他亲赴淞沪警备司令部进行交涉，要求释放在政变中被逮捕关押的十七名工会会员。淞沪警备司令部反而将他也扣留起来，后经全路工人的具保才被释放。1927年4月底至5月初，孙津川出席了在汉口召开的党的第五次全国代表大会。

1928年3月，孙津川被派往南京，担任中共南京市委书记。刚到任，他就立即着手整顿党的组织，传达"八七"会议精神。在极其严重的白色恐怖中，他毅然坚持发动和组织群众，开展地下斗争。在孙津川的领导下，多数支部恢复了和上级的联系，少数支部还发展了党员。他在市党代会上号召全体党员应勇敢地承担工作任务，并将经济斗争和政治斗争结合起来，改进在日常的经济斗争中教育群众的方法，争取使沉寂的群众斗争再次活跃起来。他十分重视农民运动，在南京浦口九袱洲（今浦口顶山乡大新村）建立了南京第一个农民党支部。为便于在下关、浦口的工人间和九洑洲的农民中开展工作，他选择了北祖师庵四十五号作为居住地。这是个十分简朴的四合院，其中坐北朝南的一间就是他当年居住与战斗的地方。

1928年6月，中国共产党第六次全国代表大会在莫斯科召开，孙津川（未出席）与刘少奇、阮啸仙三人被选为中共中央审查委员会委员。

1928年7月初的一个夜晚，中共南京市委决定在地下党员姚佐唐家开秘密会议，由于叛徒的告密，孙津川与市委大部分成员先后被捕。在被监禁的三个多月时间里，敌人软硬兼施，使用了严刑拷打、高官厚禄引诱、亲情软化等各种手段，妄图迫使孙津川就范，但他始终坚强不屈、毫不动摇。最后，敌人对他下了毒手。临刑前，已经遍体鳞伤、奄奄一息的孙津川依然大义凛然地对敌人说："要杀就杀！枪毙我一个，还有十个；枪毙我十个，还有百个。千千万万的革命者，你们是杀不完的！"1928年10月6日清晨，孙津川被绑赴刑场。一路上，他高唱国际歌，高呼"中国共产党万岁"的口号，英勇就义于南京雨花台，时年三十三岁。

自"五四"运动之后，中国工人阶级开始登上历史舞台，并成为中国革命的领导阶级。寿县人孙津川与当时著名的工运领导人林祥谦、顾正红等一样，都是中国工人阶级的杰出代表。为永远纪念和缅怀这位工人运动的旗帜和领袖，今天南京市雨花台区有红领巾孙津川中队。中国共产党新闻网《永远的丰碑·红色记忆》中称赞孙津川是"工人运动的旗帜，武装起义的中坚，视死如归的共产党员"。

红色教官茅延桢

茅延桢(1897—1925),字致祥,安徽寿县正阳关人。

1897年,茅延桢出生于安徽寿县正阳关花园巷一个中医世家。1905年,茅延桢八岁时,入寿县正阳关公立二等学堂读书。他聪明好学,成绩优秀,深受老师赞赏。

1911年,辛亥革命的爆发,给当时只有十四岁的茅延桢带来了很大的震动,他热血沸腾,立志参军报国。为实现成为一名军人的愿望,他不辞辛劳,先后三次报考军校。辛亥革命后不久,茅延桢听说南京陆军学校招生,他和三名同学悄悄离家出走,日夜兼程、风餐露宿地赶往南京。可到达时报名已经截止了,他们只得回家,但南京高涨的革命热情一直萦绕在他的脑海。1914年,茅延桢考入阜阳省立第三师范学校,在这里茅延桢进一步受到了进步思想的熏陶。他在读三年级的时候,听说安庆的省立陆军学校招生,毅然决定退学奔赴安庆,等他到了安庆,军校报名时间又结束了。茅延桢想返回家乡,但又无路费,只好托人在安庆水上警察所找了一个差事。第二年,他获悉河北保定陆军军官学校正在招生,于是茅延桢立即动身北上,开始了他的第三次报考军校之旅。这一次,茅延桢没有失望,他顺利考取了位于北京清河的第一陆军军官预备学校,并在两年后以优异的成绩升入保定陆军军官学校,编入第九期工科。

"五四"运动爆发后,茅延桢积极投身其中,并结识了李大钊、邓中夏、罗章龙等北京大学著名学界革命领导人。他经常和同学们自费去北京听李大钊等人的演讲,寒暑假从没有回过家。每次到北京,茅延桢大多住宿在北京凤阳会馆(安徽在京会馆之一)。生活实在无以为继时,他甚至不得不把自己的衣服拿到当铺当掉。一次,他在寄给家人的信中说,"几个在一起革命的人,只有一条裤子,一件大褂,谁上街谁穿一下"。在保定陆军军官学校学习的两年多时间里,茅延桢最终理解了只有马克思主义才能救中国的道理,于是他在1922年春加入社会主义青年团,并于当年7月经邓中夏介绍加入中国共产党。

1923年夏,茅延桢从军校毕业后,来到上海从事党的地下工作。当时中共上海地方党组织重新分组,茅延桢被编在第三党小组,与他在一起的还有邓中夏、沈雁冰、林伯渠等人。他是中共上海早期的五十三名党员之一。

1924年1月,国民党"一大"后,第一次国共合作实现,中国共产党积极帮助孙中山创办黄埔军校,茅延桢被上海党组织派到广州参加军校的组建工作。在黄埔军校,茅延桢被推荐到孙中山身边工作,因其工作能力突出而深受廖仲恺和孙中山的赏识,廖仲恺表扬他年轻而有魄力,孙中山则称赞他为"安徽的小才子"。黄埔军校成立后,他被委任为第一期学生队第二队队长、军事教官,同时还是中共黄埔军校特别支部领导下的学生二队的党小组组长。茅延桢所领导的二队有一百二十多名学员,在他和苏联教官的共同努力下,学员们的军事素质提高很快,这在后来平定一系列叛乱的战斗中得到体现。在军事训练的同时,他还经常向学员传播马克思主义学说,组织他们阅读进步刊物《向导》《中国青年》等杂志。在他的带领下,二队学员思想进步很快,半年时间里就有二十多人加入了党组织,其中就包括安徽六安的许继慎和寿县的曹渊。

1924年10月10日,广州爆发了买办资产阶级的反动武装组织——广州商团的叛乱,茅延桢奉命带领二队学生,参加了讨伐暴乱的战斗。这次战斗,首次表现了黄埔学生军的气势和声威,也赢得了孙中山的嘉奖。1925年2月,中共黄埔特支经军校党代表廖仲恺的批准,在军校成立了公开的群众组织"中国青年军人联合会",简称"青军会"。茅延桢作为"青军会"的主要负责人之一,被学员们称为红色教官。1925年2月至6月,茅延桢又率领学生军先后参加了第一次东征陈炯明和平定滇桂军阀杨希闵、刘震寰的战斗。在历次战斗中,茅延桢英勇善战,屡建功勋,表现了其具有一定的军事指挥才能和一往无前的拼搏精神。

1925年8月,茅延桢奉蒋介石密令,到北方进行策反工作。9月初,茅延桢来到河南郑州,当时驻防在郑州的是由国民革命军第二军改编的陈文钊师。该师原隶属于反动军阀吴佩孚,此时虽表面上听从国民革命军的调遣,但背后仍受吴佩孚的支配和控制。陈文钊师部有个参谋叫孙繁熔,是茅延桢在河北保定陆军军官学校的同学,茅延桢想通过与孙繁熔的同学关系来策反陈文钊。孙繁熔表面答应了茅延桢,暗地里却在谋划对付他的行动。一天夜里,孙繁熔邀请茅延桢一起去郑州市党部进行协商,在路过明王公墓左侧时,突然一声枪响,茅延桢中弹倒地。原来,阴险狡猾的孙繁熔已事先安排好凶手在此潜伏下来,从背后射杀了茅延桢。茅延桢就这样献出了他年轻的生命,年仅二十八岁。南方革命政府得此噩耗,当即电令河南督军缉拿凶手,并电唁家属,表示哀悼。后来,茅延桢的亲属将其遗骨运回寿县正阳关五里铺(今寿县丰庄镇管辖)老家安葬。

作为我党早期从事革命军事工作的党员之一,茅延桢烈士壮志未酬,英勇罹难,他的事迹值得人们赞颂与永远怀念。

1945年，党的"七大"召开前夕，在中共中央组织部编印的《死难烈士英名录》中，茅延桢光荣载入史册。1989年6月，徐向前元帅为茅延桢烈士题词："革命先烈，英名永垂！"2007年6月，南京军区原司令员向守志上将为纪念茅延桢烈士诞辰110周年题词："革命先烈，红色拓荒者。"

特支书记曹蕴真

曹蕴真(1901－1927),原名曹定怀,安徽寿县瓦埠人。

1901年,曹蕴真出生于寿县瓦埠乡一个贫苦农民家庭中。幼年时,他就读于邻村开明人士、同盟会成员张树侯门下,受其影响,曹蕴真心中向往进步。1919年,曹蕴真考入芜湖公立职业学校,并在此学习,后留该校任教员。在此期间,他积极支持芜湖的学生运动,还经常与家乡青年联络,寄给他们一些马克思主义理论书籍和进步刊物以供其阅读,并利用寒暑假回家乡,以串亲访友的方式在当地宣传反帝反封建的革命思想。他曾赋诗表达对社会的不满,吐露改革社会的愿望和决心:

  祖辈辛勤夜不眠,严君整日重担肩。
  频遭歉岁难温饱,那堪兵燹苦连年。
  国事纷纭病夫态,山河破碎不忍看。
  寻求真理狂澜挽,展望神州换新颜。

1921年底,曹蕴真加入中国社会主义青年团。1922年春,在上海经施存统介绍,曹蕴真加入了中国共产党。不久,受上级党组织的指派,回到家乡,开展党组织的发展工作。他以教师身份为掩护,联系寿县在外地入团的青年骨干,在小甸集成立了中国社会主义青年团特别支部,曹蕴真被选为特支书记,团员有徐梦周、鲁平阶、胡宏让等。中国社会主义青年团小甸集特别支部属上海社会主义青年团(共青团中央的前身)领导。该组织的建立,为以后建立地方党组织准备了条件,奠定了基础。

1923年秋,曹蕴真从上海返回寿县,与鲁平阶、徐梦周等人在小甸集小学担任教员。他们在课堂上引导学生读《悯农》《蚕妇》等反映社会矛盾的诗词,讲授《社会进化史》《唯物史观浅说》等课程,分析国内外形势,指出中国贫困落后的根源和奋斗的方向,同时利用课余时间与进步师生广泛接触,介绍苏联十月革命胜利的成功经验,还把上海党组织寄来的革命刊物和进步书籍,如《向导》《新青年》《每周评论》《共产党宣言》等给他们看。曹蕴真等还在当地大小传统节日里,举行集会,宣讲革命思想,号召贫苦人民树立起自主、进步、科学的精神,动员人们组织起来,反对封建势力,反对剥削和压迫。在他们的宣传鼓动下,这里形成了以知识界和教育界为主的宣传马克思主义的热潮。

1923年冬,曹蕴真、薛卓汉、徐梦秋等人先后介绍上海大学学生方运炽、小甸集小学校长曹练白和在宣城省立第四师范学校读书的陈允常等人入党。随着革命队伍的壮大,党员人数的增多,在寿县地区建立党组织的条件逐步成熟。根据党中央的指示,他们在小甸集小学成立了中国共产党特别支部。曹蕴真任特支书记,鲁平阶任组织委员,徐梦周任宣传委员,成员有薛卓汉、曹练白、徐梦秋、方运炽、陈允常。小甸集特支直属党中央领导,设有"交通",负责来往通信。特支成立后,决定部分党员在学校以教书为掩护开展党的工作。其他特支成员分别深入群众,调查农村实际情况,宣传革命理论,对内培养积极分子,发展党、团员,对外筹建农会、妇女会等群众组织,继续进行反帝反封建斗争。小甸集特支是安徽农村建立的第一个中共特别支部,也是鄂豫皖边区的第一个党支部。一段时间过后,寿县地区的很多地方都有共产党员在活动,当地群众的觉悟不断提高,党的组织也在逐步壮大。到1924年春,又建立了瓦埠和宋竹滩两个党支部,党员发展到二十余人。

1924年5月,特支书记曹蕴真及其他主要成员徐梦周、鲁平阶、薛卓汉等相继被派往外地,特支就此停止了活动。

1925年,曹蕴真从广州回到寿县从事农民运动,组织了寿县第一个农民协会——寿县五区农协会,会员有两百多人。1926年初,曹蕴真筹办中山学校,领衔发表《寿县中山学校发起宣言》。同年夏,他奔赴武汉参加北伐战争。1927年秋,党中央拟派曹蕴真到莫斯科学习,但由于他积劳成疾,肺病恶化,未能前往。当同志们为他的病情严重而难过时,他却乐观地安慰大家说:"没有艰苦奋斗、流血牺牲,就不能换取革命的胜利。我把青春献给党,革命的鲜花会开得更红。"是年10月,他终因病情加重不幸逝世,年仅二十六岁。

曹蕴真英年早逝,令人扼腕叹息,但先烈的革命精神及小甸集特支所点燃的星星之火却永放光芒。2004年清明前夕,中共小甸集特支的创始人——革命先烈曹蕴真的纪念碑在烈士家乡瓦埠落成。多年来,烈士后代及当地干部群众每逢纪念日,或自发或有组织地到纪念碑前瞻仰、缅怀。

【相关链接】

安徽省最早的中共党组织
——寿县小甸集特支

胡巨荣

寿县小甸镇,是中国共产党在大革命时期和土地革命战争时期点燃寿县革命烽火、持续开展革命斗争活动的中心区域。

如今,小甸镇东矗立着巍峨的寿县革命烈士纪念塔。纪念塔下展示陈列着寿县人民开展革命斗争的史实和曹渊、曹蕴真、徐梦周、薛卓汉、方运炽等三十多位革命烈士的图像及其光辉事迹。常有学校师生、游人前往瞻仰和参观。小甸镇镇中竖立着寿县县委、县政府立的"中共寿县小甸集特支纪念碑"。中共寿县小甸集特支是1923年冬建立的,它是安徽省最早的中国共产党组织。

创建中共寿县小甸集特支的曹蕴真,又名曹定怀,1901年出生在寿县瓦埠乡一个贫苦农民家庭中。幼年时,他就读于邻村开明人士、同盟会成员张树侯门下,受其影响,曹蕴真心中向往社会改革,他曾赋诗:"祖辈辛勤夜不眠,严君整日重担肩。频遭歉岁难温饱,那堪兵燹苦连年。国事纷纭病夫态,山河破碎不忍看。寻求真理狂澜挽,展望神州换新颜。"1919年曹蕴真入芜湖公立职业学校学习,后留该校任教员。在此期间,他积极支持芜湖的学生运动,还经常与家乡青年联络,寄给他们一些马克思主义理论书籍和进步刊物以供其阅读,并利用寒暑假回家乡,以串亲访友的方式宣传反帝反封建等革命思想。1922年曹蕴真加入了中国共产党。不久,党组织派他回家乡开展革命活动。他以寿县在外地入团的青年为骨干,成立了小甸集S·Y(英语"中国社会主义青年团"的缩写)特别支部,曹蕴真被选为特支书记,团员有徐梦周、鲁平阶、胡宏让等人。小甸集S·Y特支属上海社会主义青年团(共青团中央的前身)领导。小甸集S·Y特支的成立,为建立中共党组织作了准备。

1923年秋,曹蕴真、鲁平阶、徐梦周等人与寿县小甸集小学校长曹练白联系后至该校任教员。他们在课堂上引导学生读《悯农》《蚕妇》等反映社会矛盾的诗词,讲授《社会进化史》《唯物史观浅说》,介绍国内外形势,分析中国贫困落后的原因,陈述救国救民的理念,同时利用课余时间向曹练白等教员介绍苏联十月革命胜利的成功经验,把上海党组织寄来的革命刊物和进步书籍,如《向导》《新青年》《每周评论》《共产党宣言》等给他们看。曹蕴真等还动员教师、学生和农民,反对封建势力,反对剥削和压迫。这年寒假,曹蕴真、鲁平阶、徐梦周与从上海大学回乡、奉党的指示开展革命活动的薛卓汉、徐梦秋等人,先后介绍发展了上海大学学生方运炽、小甸集小学校长曹练白和在宣城省立第四师范学校读书的陈允常等人入党。革命队伍在壮大、党员人数在增多,在寿县地区建立党组织的条件逐步成熟。根据党中央的指示,他们建立了中共寿县小甸集特支,曹蕴真任特支书记,鲁平阶任组织委员,徐梦周任宣传委员。特支直属党中央领导。特支成立后,党中央寄来《新青年》《向导》等书刊并下达各种指示,党中央的指示有时写在旧小说书的筒子页内,有时用米汤书写(米汤字迹用酒精擦后可显现)。特支成员分别在瓦埠、小甸集、李山庙小学以教书为掩护,深入群众,调查农村实际情况,宣传革命思想,培养积极分子,发展党、团员,筹建农会、妇女会等群众组织。经过一段时间的努力,党员发展到二十余人,1924年春,建立了瓦埠和宋竹滩两个党支部。

1924年5月,根据党中央的指示,经上海党组织介绍,曹蕴真离开寿县到广州入黄埔军校第三期任政治部宣传科员。徐梦周、鲁平阶入上海大学社会科学系学习。薛卓汉被派往安庆,组建了共青团安庆特别支部。至此,中共寿县小甸集特支停止了活动。

小甸集特支的主要成员历经各种磨难。曹蕴真因积劳成疾,不幸于1927年秋天英年早逝。徐梦周于1926年3月被组织派往北京,在李大钊的领导下开展工作,后奉中央北方区党委之命到冯玉祥所属宋哲元部从事政治工作,曾任西安中山学院教育长之职；1927年7月转入地下，先后任中共延安县委书记、中共陕西省省委常委兼省委秘书长等职。1928年春，陕西省委被破坏，徐梦周被敌人逮捕入狱。1930年11月，杨虎城任陕西省政府主席时，徐梦周获释，后在省政府任职，同时遵照党的指示做提供军事情报、输送军用物资等地下交通线工作。1944年不幸因车祸丧生。国家安全部曾指出："他的牺牲，使我党失去了一位精明强干而富有工作经验的忠实同志。"鲁平阶于1925年赴广州入农民运动讲习所学习。翌年8月组织上派他去苏联学习，1927年4月回国，在家乡参加了中共寿县第四次党代会，被选为县委委员。不久，到上海。党中央派他到浦东进行工人运动，不幸被捕入狱。1931年经地下党员胡允恭作保出狱。后被派往山东省担任某县县委书记，因山东省委当时已被破坏，鲁平阶返回家乡以教书为主。一年后又赴陕西找徐梦周以求工作，未果。后辗转到山西省运城电器开关厂做工，直至1966年退休。薛卓汉1925年9月入广州的农民运动讲习所学习。1926年3月在家乡窑口集组建共产主义青年团寿县地方执行委员会，被选为书记。同年夏天，奉命参加北伐，曾担任毛泽东同志的秘书。1927年3月被派往安庆主持安徽省农民协会筹备处工作，任筹备委员会委员长。其间，被国民党反动派指使暴徒打伤。1928年3月，薛卓汉被选为中共寿县第一届县委组织委员，协助县委军事委员、北路宣慰使署学兵团团长孙一中开展兵运工作，遭到失败后，奉命调入大别山，担任中国工农红军第一军政治部副主任。1931年被张国焘一伙以莫须有的罪名杀害。1945年4月中共中央组织部确定薛卓汉为烈士，并指出他是安徽共产党的创始人之一。

先烈们已经远行。中共寿县小甸集特支虽然规模小，存在的时间不到半年，但先烈们的革命精神及小甸集特支点燃的星星之火却永放光芒。

（摘自政协六安市委员会网站：http://www.luanzx.gov.cn/UserData/DocHtml/1/2013/4/10/20130410114535157.html）

革命先烈薛卓汉

薛卓汉(1898—1931),又名云长,安徽寿县窑口集人,是我党培养的一位忠诚的革命志士,安徽早期革命运动领导者。

1919年"五四"运动爆发后,当时正在芜湖安徽省立第二甲种农业学校读书的薛卓汉和"二农"师生一道,奔走呼号,积极响应。在"五四"学生运动期间,他被选为芜湖学生联合会委员,1921年安庆"六二"学潮后,被增补为安徽省学生联合会委员,并参加全国学联的筹备会议。在学生运动中,他带头把自己所用的日货全部烧毁,又率领芜湖各校学生日夜巡逻,严查运输、销售中的日货,并在警察局挥掌推开企图动武的日本领事,打击了日商洋行和领事的嚣张气焰。

1922年3月,芜湖发生了黄包车工人罢工、纱厂工人罢工的斗争,薛卓汉代表学生联合会发动募捐活动,积极支持工人们的罢工斗争。他同黄包车工人一起拉车,还穿着工人服装,代表工人到警察局和法庭,当面斥责车主恣意剥削工人、雇用流氓殴打工人的罪行,迫使警察局和车主答应工人要求,开展了安徽现代历史上最早的工人运动。在斗争中他还倡导组织了安徽第一个工人组织——芜湖劳工会。他深入芜湖劳工会,创办工人夜校,培养了一批有志青年。这年冬,薛卓汉加入了中国共产主义青年团,后来又与同乡组织"马克思主义研究会"活动。

1923年,薛卓汉考入上海大学社会系,在这里接受邓中夏、瞿秋白、张太雷、蔡和森、恽代英、施存统等同志的教诲,该年11月加入中国共产党。同年底,受中共上海党组织的派遣,和同在上海的曹蕴真、徐梦秋等一起回到家乡寿县小甸集,建立了安徽省第一个党支部——小甸集特支。1924年,党又派他和徐梦秋到安庆恢复党团组织,在安庆建立了中共安庆特支(安徽省委前身),被选为特支负责人之一。

薛卓汉非常重视农村工作和对农民意识觉醒的启发。早在1921年,薛卓汉、曹蕴真、方运炽、曹渊等人就"鉴于社会日趋险恶,改造事业急不容缓",发起组织"马克思主义研究会",研究社会问题,主张将来从事农村革命工作。

1924年暑假,薛卓汉从上海大学回家,调查了寿县方圆十里内的五十一户人家,写成了《皖北寿县的农民生活》一文,发表在1924年10月15日的《中国青年》杂志第五十三期上。这篇文章诉说了皖北农民的疾苦,揭露了地主阶级的残酷剥削。他在文章中指出,皖北寿县的农民长期处于"地主的剥削、士绅的敲诈、官吏的苛暴、军队的勒索、外资的压迫"之中,正是这些原因使他们的生活贫困不堪。薛卓汉在上海大学学习期间,每逢寒暑假都要回到家乡宣传革命,有时还带着留声机和笙、箫、笛等乐器,在瓦埠、小甸集一带农村进行宣传,有时也散发一些通俗的宣传品,解释农民为什么会受苦,怎样才能不受苦,促使农民觉悟,帮助农民觉醒。

1925年9月,党组织派他到广州参加毛泽东、周恩来等领导创办的第五期农民运动讲习所学习,其间曾担任毛泽东同志的秘书。毕业后党又派他到武汉担任国民党"左派"安徽临时省党部执行委员兼农民部长。1927年3月,从武汉回安庆,召集各县农运代表举行安徽农民协会筹备大会成立大会,成立了筹备委员会,薛卓汉任委员长。薛卓汉这位"淮上军"

起义将领的后代,他把握时代命运,以自己的聪明才智,组织农民协会,发展农民武装,点燃了安徽农民运动之火,被他的战友称为"最热情、最踏实的人"。"四·一二"反革命政变后,他带伤回寿县从事农民运动,继续坚持斗争。

1928年3月,薛卓汉在寿县老家养伤期间,参加中共寿县第一次党代会,被选任县委组织委员,协助县委成员、皖北行署学兵团团长孙一中以及廖运周、廖运泽、许光达等人,在国民革命军第三十三军军长柏文蔚举办的学兵团中开展兵运工作,兼任中共北路宣慰使署学兵团委员会副书记,在学兵团中宣传马克思主义,发展党员,结果遭到国民党反动当局的通缉。1930年1月29日敌人抓捕时,他侥幸翻墙脱逃,结果其家被抄,生完孩子才十多天的妻子被敌人拉到雪地上毒打,致使其得病身亡。

兵运工作失败后,薛卓汉奉命调往大别山,担任中国工农红军第一军政治部副主任,随许继慎率红一军指战员粉碎了敌人对苏区根据地的第一、二次"围剿"。1931年冬,在金家寨至麻埠间的山下,薛卓汉被张国焘一伙以莫须有的罪名杀害,时年三十三岁。毛泽东、周恩来闻讯后痛惜不已。

薛卓汉的一生虽然短暂,但对安徽早期的学生运动、工人运动、农民运动、军队建设和党的建设等都做出了很大的贡献。1945年4月中共中央组织部编印的《死难烈士英名录》中,薛卓汉被确认为烈士,并指出其是安徽共产党的创始人之一。1951年10月18日,皖北人民行政公署追认薛卓汉为革命烈士,编入《中华英烈传》。在延安时,毛主席曾向曹云屏(烈士曹渊之子)询问过薛卓汉的情况。1958年,毛主席视察安徽时,又向陪同人员张治中谈到薛卓汉,可见毛主席对薛卓汉的关爱之情。

【相关链接】

皖北寿县的农民生活

薛卓汉

寿县在淮河的南岸,淮河是寿县和凤台县的界线。沿淮河各县,风俗习惯和经济状况是大概相同的。今把我所调查寿县各事,报告给关心农民生活的作个参考:

一、风俗

寿县农民仍旧守着那种忠臣、节妇、良妻、贤母等宗法社会的思想。但多数都具骁勇强悍的性质与豪爽的气概。他们不惯于忍辱,在交际中或贸易时,或为田土之界限,灌溉之争执,都可以发生冲突,使枪弄棍,酿出人命。他们若能得人指导,很容易为国民革命效力的,现在他们却诉讼频兴,盗贼遍野,反转为地方之害了。

二、经济状况

要知道寿县农民的经济状况,先要知道农民中哪等职业的人数居多。请看下表(十方里内之调查):

业 别	家 数	人 口		人口之百分计算
		男	女	
地 主	3	17	15	百分之九弱
自耕农	5	47	17	百分之十八
佃 户	19	95	60	百分之四十三
住 户	24	66	46	百分之三十强

照上表除占人口百分之九的地主是剥削阶级以外,其余的自耕农、佃农、住户等占人口百分之九十一,都是被剥削阶级。

地主的剥削方法不外两种——租田给佃农的苛刻条件;债务的重利盘剥。佃农对于地主,要纳收入的半数给他,地主可以坐在家里收得每个佃户底收入的半数。至于地主放债底手段,更加残酷了!没有产业的人,纵然饿死在他们门前,也引不起他们一点恻隐之心;但那般略有产业的,地主们便借重利的债务给他们,等到他们所负债的本金利息的总额,和他的田产底价格相等的时候,立即向他们要求还债,他们若无法,便只得将田产贱价让地主。所谓住户,大半也靠借债于地主而生活,他们的抵押品,就是卖力佣工的工资。

有多数地主和少数自耕农们在乡间充当绅士,他们一方面挑拨人家争讼,一方面藉官厅的势力,以满足他们敲诈的欲望。官吏的浮征租税;放纵差役,下乡苛索百姓;军队的征差征役,派草派粮,亦是加害于农民的。外国货充满了乡镇的市面;一方造成许多没有工作的住户;一方又增高了农民的生活程度。因此,农民经济地位,一天天更艰窘了。

寿县农民已经从自耕农底地位,降到佃农的地位,从家庭手工业底地位,降到失业的地位了(从前表佃农和住户人口之多可以看出)。所以致此的原因:一、地主的剥削;二、士绅的敲诈;三、官吏的苛暴;四、军队的勒索;五、外资的压迫。这些农民的敌人都是相依为命、互成其恶的。

(原载于1924年10月15日《中国青年》第53期)

红色先导方运炽

方运炽(1906—1932),又名方英、方曙光,化名高中林、钟灵,安徽寿县瓦埠人。

1906年,方运炽出生于寿县瓦埠镇竹园村。童年时在家乡随曾参加过中国同盟会的张树侯先生读私塾。1919年"五四"运动爆发时,方运炽正在安徽公立职业学校读书,他积极联络各校学生举行集会,游行示威,进而抵制、焚毁日货,声援北京学生的反帝爱国运动。1921年3月,他同当时在芜湖"二农"读书的

寿县同乡薛卓汉等人,组织马克思主义研究会(对外称"爱社"),秘密学习革命理论。

1923年,方运炽转入上海大学学习,聆听了邓中夏、瞿秋白、恽代英、蔡和森、张太雷等人的教诲。同年秋,他在上海加入中国共产党。不久,上海大学党组织指示方运炽、曹蕴真、薛卓汉等回乡建立党的相关组织。这年冬,方运炽等人在寿县小甸集召开党员会议,成立了安徽省第一个党组织——中国共产党小甸集特别支部,直属党中央领导,方运炽成为寿县党组织的创始人之一。

特支建立后,方运炽负责瓦埠一带工作,次年9月任中共瓦埠小学支部书记。他以教书为掩护,深入农村调查,培养积极分子,发展党的组织,开展革命活动。1924年冬,他在寿县中学组织了寿县学生联合会,并以学生会名义编印刊物。因

遭到校方阻挠,便与学生会负责人发动全校学生大闹"饭场",进行罢课斗争,最终赶走了封建校长。次年,联合寿县城关各界人士,组织了"寿县非基督教大同盟",揭露帝国主义在寿县进行文化侵略的罪行,反对读经做礼拜与苛税。"五卅"惨案发生后,为声援上海工人运动,方运炽组织"寿县学生沪案后援会",举行游行示威,声讨英、日帝国主义的罪行,揭露伪商会会长、大资本家刘作臣勾结寿县北大街的英商"花旗公司",背叛民族利益的可耻行为。事后,他与后援会人员还募捐银币 100 余元,汇往上海援助"五卅"惨案中的被害工人。

1926 年冬,中共中央派方运炽到莫斯科中山大学学习。1929 年,他以第三国际东方特派员的身份回国(改名方英)。同年 8 月 5 日,以中央巡视员的身份在六安、霍山两县边界的豪猪岭,主持召开中共六安中心县委筹备会议,集中讨论了武装暴动及其准备工作等问题。10 月初,方英在六安县郝家集主持召开六安、霍山、霍邱、寿县、英山、合肥六县党的代表会议,成立中共六安中心县委。11 月 8 日,成立独山革命委员会暴动总指挥部,方英任总指挥和党代表,参与发动和领导独山农民暴动。这一年的年底,他回到中央,负责党中央与各省、各苏区的秘密交通联络工作。

1931 年 2 月,中共安徽省委成立,方英再次到安徽巡视,被选为安徽省委书记(未到职)。同年 3 月 27 日,方英在家乡瓦埠上奠寺主持召开寿县、凤台、阜阳三县县委负责人会议,根据当时的革命形势和斗争需要,决定建立皖北(寿县)中心县委,管辖寿县、凤阳、阜阳、颍上、太和、霍邱、固始、新蔡、息县九个县的工作。会议根据当时党的中心任务及寿县特殊的地理位置,决定在寿县发动武装暴动,扩大苏区外围的斗争范围。随即,方英组织并领导了震惊江淮的瓦埠暴动。在暴动中,他首先带领三千多人扒了自家两百多石粮食,将粮食分发给穷苦百姓以及充作暴动队伍的军粮。

瓦埠暴动后,方英历任中共皖西北特委书记、皖西北道委书记、中共鄂豫皖分局委员等要职,在建设红军、进一步巩固和发展皖西北革命根据地的斗争中,做了大量艰苦而卓有成效的工作。1932年,鄂豫皖革命根据地第四次反"围剿"时,由于张国焘等人的错误指挥,根据地军民浴血奋战四个多月,未能打破敌人的"围剿",红四方面军主力被迫西征川陕,方英也随军转移。在入川途中,张国焘以不公正的待遇残酷无情地迫害、折磨他。1932年12月,因怀疑、抵制张国焘推行"左"倾冒险主义方针,被张国焘批评对"肃反"工作开展不力,又强加给他"改组派"罪名,撤销了他的职务。方英由于长期操劳,身体虚弱,又患上疟疾,不幸病逝于川陕途中,死时年仅二十六岁。

方运炽出身于地主阶级家庭,家境富裕,门前有一条大道,因车马隆隆被称为"马道"。然而,他关心百姓疾苦,常常接济贫民子弟。对于人压迫人、人剥削人的不公正的旧社会,他非常痛恨,最终与工农大众站在一起,走上了为穷人打天下的道路。他在江淮一带,组织农民暴动,实行土地革命,先后发动、领导了独山、瓦埠农民暴动,为中国革命做出了不可磨灭的贡献。然而让人无比痛心的是,方运炽壮志未酬,含冤殉节,成为中共党史上"英年早逝的共产党人"。1950年4月5日,皖北人民行政公署追认他为革命烈士,其事迹被编入《中华英烈传》。

【相关链接】

瓦埠暴动

1931年3月28日,皖北(寿县)中心县委成立会议即将结束时,中共瓦埠支部书记王汉平赶来报告:国民党寿县县长张相昆第二天要带军警到瓦埠,建立联防局。

中共中央巡视员方英(即方运炽)连夜召开县区干部联席会议,认为这是夺取武器、发动武装斗争的好机会。他针对当时的客观形势,提出了四点看法:一、在寿县及正阳关一带没有正规的国民党军队;二、统治阶级的地主豪绅相互不团结而且有矛盾;三、有广大群众的支持;四、邻县定远也要发动武装斗争。他还指出,发动武装斗争是国际路线指示的中心任务,我们要坚决执行。于是,中心县委成立了行动委员会,书记曹鼎,委员杨盟山、魏化祥、薛骞,负责指挥暴动。这时,侦查人员进一步查明进入瓦埠的不是县里的军警,而是联庄会派出的二三十名保卫区公所的武装人员,带领者是国民党双庙区区长路奎汉及邵杰。因此确定的计划是,先袭击瓦埠区公所,捉拿反动区长路奎汉,再夺取瓦埠镇附近地主豪绅的武装,最后发动群众扒粮。

29日深夜,参加暴动的群众聚集到"泰山庙",准备袭击区公所。不料,由于叛徒告密,路奎汉、邵杰闻讯带领人马逃回县城。鉴于这种情况,要不要继续发动暴动,行动委员会内部意见不统一。方英认为既然已有了较好的群众基础,而且集中了部分人、枪,群众要求又迫切,不应半途而废。于是,大家统一了思想认识,决定以瓦埠为根据地举行农民暴动。同时对军事机构进行了调整,撤销了游离动摇分子薛骞的军事指挥职务,将参加暴动的群众骨干共一百多人组建成皖北红军游击大队,由方和平任大队长,宋天觉任副大队长,曹鼎任政委,魏化祥任参谋长,下设三个中队,戚联雨、曹广海、杨守先、马实等为中队干部。30日凌晨,参加暴动的一千多名农民涌上瓦埠街,在望春园饭店门前竖起镶有镰刀斧头的红旗,宣布暴动开始。接着游击大队的三个中队分头行动,逮捕了瓦埠地主豪绅十多人,周围乡村的地主豪绅也被收缴了枪支。

经统计,这次行动共收缴长短枪一百三十多支。3月31日,党组织发动瓦埠周围方圆二十余里三千多名农民,扒掉地主粮食四万多斤。方英号召群众扒他自己家的粮食,后来方英家的粮食全部捐出来分给穷人以及充作游击大队的军粮。游击队员非常高兴地编了几句顺口溜:"一九三一二一三(公历1931年3月31日是农历2月13日),誓死拼命夺枪杆,地主吓得门闩上,开仓拱手粮交俺。"

4月1日,几地反动联庄会纠集地主武装一千多人,向瓦埠进行了疯狂的反扑。国民党寿县县大队也赶来,他们和联庄会地主武装一起将游击大队全部包围起来,双方展开了激烈交战。敌人依仗人多枪多,轮番进攻,游击大队力量虽然薄弱,但打得顽强,多次击退敌人的进攻。但由于敌我双方力量差距过大,游击大队多次突围均未成功。在游击大队生死存亡的紧要关头,中共瓦埠区委在鲁城召开紧急会议,决定利用私人关系向开明地主曹云峰等人借枪,以配合游击大队突围。经过努力,借来枪支二十余支,子弹两千余发,由曹为邦、宋德渊等带领几十人,打着国民党"小甸集联庄会"的旗号,前往张嘴佯装攻打游击大队,并占领张嘴以东有利地形,巧妙形成缺口,以便游击大队人员立即突围。在突围战中,第二中队中队长戚联雨及其带领的十七名游击队员为掩护大队转移而英勇牺牲,其他突围出来的同志则立即分散,隐蔽起来。

4月12日,中共皖北中心县委召开寿县区委、特支书记联席会议,初步分析了瓦埠暴动失败的原因,主要有以下几个方面:一是犯了教条主义错误,没有在扒粮斗争取得胜利后,立即转移,结果形成被包围的困境;二是暴动前的准备工作做得不够,只是号召群众扒粮,没有把群众组织起来;三是对敌人抱有幻想,过于右倾,企图通过释放被逮捕的地主豪绅来延缓敌人进攻,结果却使他们回去后纠结武装向游击队反击;四是对参加暴动的人员审查不严,队伍里出现叛徒向敌通风报信,致使原行动计划落空;五是巡视员方英临阵离开,影响士气。

震惊江淮的瓦埠暴动虽然由于反动武装的联合进攻最终失败了,但它对当时的革命形势产生了深远影响。这次暴动,揭开了寿县人民武装斗争的序幕,是党领导寿县人民革命由经济斗争发展为武装斗争的转折点。从此以后,寿县武装斗争在共产党人的带领下,此起彼伏,一直没有停止过。今天,瓦埠人民继承先烈的光荣传统,艰苦奋斗,锐意进取,创造出一派安宁祥和的幸福景象,只有那依然安在的瓦埠湖和"望春园"旅店,似乎在提醒着人们当年在这里发生的一幕幕……

(根据方敦寿编著的《锦绣安徽·八公山下》之《瓦埠湖畔的枪声》一文编写,安徽教育出版社,1999年版,第31~33页)

早期党员胡允恭

胡允恭(1902—1991),又名胡萍舟、胡邦宪,是皖西北地区最早的一批共产党员之一。

1902年11月,胡允恭出生于杨庙乡(时属寿县,今属长丰)夯铺田埠村一个世代务农的家庭。因家境贫寒,他少时不能上正规学校,只能跟着乡间秀才读了一些《四书》《五经》之类的书籍。十六岁时步行前往宣城,考入安徽省立第三蚕桑讲习所。"五四"运动爆发后,胡允恭和宣城的进步师生一起上街游行,查禁日货。他后来回忆说,如果没有"五四"运动,他将"安心读书,准备一生从事栽桑养蚕工作"。1923年秋,胡允恭在上海大学加入中国共产党。1924年受上海大学党组织指派,返回家乡,以办淮上中学补习社为掩护,宣传马列主义,秘密进行党团组织创建工作。1929年,胡允恭被调往山东,先后任中共济南市委书记、山东省委书记等职。1932年,受王明"左倾"机会主义迫害,胡允恭被排挤出党。但他仍然勤奋学习马列著作,宣传革命思想,为党工作,直到1946年经福建省委批准才恢复他的党籍。1951年干部审查时,胡允恭再次受到不公正的停止党籍的处理。"文革"中,胡允恭蹲过"牛棚",下过农场,做过放牛割草等农活。对于这些,胡允恭虽然感到委屈,但他仍然兢兢业业地为党工作,对党的信念和共产主义理想的追求没有丝毫动摇。1983年1月,经中共中央书记处批准,恢复胡允恭党籍。晚年胡允恭主要在教学和科研第一线工作,并撰写回忆文章。1991年6月13日,胡允恭病逝于南京,享年89岁。

这里特别要说一说如下两件事,一是胡允恭对曹渊等人的帮助、引领作用,二是在家乡办"淮上中学补习社"。

1921年,胡允恭自芜湖来到上海,在阜丰面粉厂做家庭教师,他觉得这样可以深入社会,接近群众。1922年秋,曹渊也从芜湖来到上海,想要在这里寻找革命组织和革命理论。在上海,曹渊遇到了同学胡允恭。胡允恭热情接待了自己的这位老乡,并帮助曹渊租了一个"灶披间"(楼下偏房)住了下来,又为曹渊介绍工作,解决生计问题。他们在一起的时间里,胡允恭经常向曹渊介绍马列主义常识,借给他进步书籍阅读。从胡允恭那里,曹渊读到了《新青年》《向导》《共产党宣言》《阶级斗争》等书刊,开始接触马列主义。胡允恭进入上海大学①后,经常把曹渊带到教室旁听。这对于曹渊开阔眼界、进一步接受马列主义,并最终投身于轰轰烈烈的大革命之中,起到了非常重要的作用。后来,曹渊胞兄曹少修来沪,胡允恭也热情接待。

关于"淮上中学补习社",当时在寿县、凤台两地农村,形成了较大的社会影响。中共寿县小甸集特支建立后的半年多时间里,又一批上海大学的学生来到小甸集。他们在这里选择了一个叫"曹小郢子"的地方,开展了办学活动,时称"小郢子办学",当时在村里引起了不小轰动。所谓小郢子办学,办的就是"淮上中学补习社"。时间是1924年的暑假,在上海大学学习的寿县籍学生、共产党员胡允恭和凤台籍的黄天白、吴

---

① 第一次国共合作时期,上海大学是一所革命的熔炉。当时就有"文有上大,武有黄埔"之说,许多有志青年都是从这里走上革命征途的。

云、吴震、桂超等人,奉上海大学党组织的指示,回原籍寿县、凤台开展革命活动。当时,寿县、凤台两地失学、失业学生青年较多,胡允恭他们回来后经过商量,决定利用这一条件以办学为掩护来发展党组织、培植革命力量。经过积极的筹备,他们在寿县小甸集曹小郢子曹子善家开办了淮上中学补习社。小郢子在曹家岗正南方,距小甸集仅一公里。补习社得到了当地许多人的支持,如曹少修等人对办学地点的选择、经费的筹划、课堂用具的准备以及学生住宿的安排等各种繁杂事务出力颇多。寿县南乡(今属肥西县)人李坦停办了他的"改良私塾",带领他的学生,一起加入淮上中学补习社。当然,补习社的决策者主要还是来自上海大学的那些同志,尤其是胡允恭和吴云两人。

据《寿县革命史》一书记载:淮上中学补习社共招收了三四十名失学青年,讲授《社会进化史》《马列主义浅谈》《唯物史观浅说》等进步课程,引导学生阅读《悯农》《蚕妇》等反映社会生活和阶级矛盾的诗文,向学生介绍国内外形势,传播革命思想,积极宣传马列主义。在补习社里,秘密成立了"皖北青年社",即共青团组织;同时还建立了党支部——淮上中学补习社党支部,胡允恭任书记,该支部直属党中央领导。在补习社的教育和胡允恭、吴云等人的言传身教中,青年们的思想认识有了很大的提高。经过三个多月的学习,青年们纷纷要求参加革命,要求加入青年团和共产党组织,如后来曹少修、李坦入了党,曹云露、曹广海等人入了团。从以后的革命实践来看,"淮上中学补习社"为革命队伍输送了不少新生力量,其中一些人还成了大革命时期的战斗骨干。当然,补习社的纪律也相当严明,不准相互询问谁是共产党员、谁是共青团员,活动内容也不准向妻子儿女、亲戚朋友等透露。

这一年的11月,胡允恭返回学校,吴云等离开寿县,"小郢子"补习社停办。1925年春,由吴云出房子和经费,在凤台白塘庙重新开办淮上中学补习社。当年暑假,中共上海大学党组织要求吴云、吴震回校,淮上中学补习社停办。

虽然淮上中学补习社存在的时间并不长,但其形成的影响很大。在补习社里建立的党支部是继小甸集特支之后在当地较早建立的又一个党组织,当时这两个党组织都直属党中央领导,再一次扩大了党的影响,发展了党的队伍。因为补习社的基础是办学,故进入其中的失学、失业青年较多,有名者如曹广化、张如屏、曹少修、曹广海、曹云露、李坦等,这些人多对社会现实不满,向往革命和进步。他们在这里接受了马克思主义的洗礼,阶级意识和觉悟大大提高。他们中的许多人后来都去了革命策源地广州或在当地参加革命活动,其中有不少人献出了自己年轻的生命。毫无疑问,他们对中国革命的前进起到了有力的助推作用。淮上中学补习社和补习社党支部理应成为寿县革命史和寿县红色文化中又一个耀眼的闪光点。

红军将领孙一中

孙一中(1904—1932),原名孙以惊,又名孙德清,安徽寿县东津九里村人。

1904年,孙一中出生于安徽寿县的一个贫苦农民家庭,自小失去双亲,与哥哥相依为命,艰难度日。十二岁时辍学务农,后又到上海一家纱厂当搬运工。1924年春,在同乡柏文蔚的帮助下,被保送进入黄埔军校,编在一期第三队,从此开始了他的革命生涯。

在黄埔军校时,孙一中受到曹渊和周恩来的直接关心和教导。刚进军校时,孙一中的军事操练和各种术科都还不错,但马克思主义理论知识相对缺乏。同队又是同乡的曹渊没少帮助他,二人建立了"是同志更是兄弟"般的情谊。孙一中老实厚道,在军校寡言少语。有一次,周恩来笑着对孙一中说:"同志们都说你平时静若处子,但愿你在战场上动如脱兔。"站在一旁的曹渊说道:"一中在操练和劳动时行动敏捷,工作努力,从不落人后。动如脱兔,一中一定能做到。"周恩来和孙一中都笑了。当时,周恩来任军校政治部主任,经常和学员们谈心,对一期学生的思想进步影响很大。1924年底,孙一中加入了中国共产党。从此,他便在党的领导下以更加自觉的精神和勇气投入轰轰烈烈的革命斗争中。

孙一中在黄埔军校一期毕业后,参加了平定广州商团叛乱和平定军阀刘震寰、杨希闵叛乱的战斗,以及讨伐军阀陈炯明的两次东征。

1926年7月,国民革命军开始北伐,孙一中被分配到叶挺独立团第一营任副营长。9月初,在攻打武昌城的战斗中,营长曹渊壮烈牺牲。孙一中接任营长后,继续指挥战斗,苦战了一个多月,后率全营官兵搭云梯,冒着枪林弹雨登上宾阳门城楼,突破敌人防线,终于打进武昌城。在这次战斗中,孙一中受了重伤。次年春,叶挺调任第十一军副军长兼二十四师师长,该师下辖七十一、七十二、七十五三个团,孙一中任七十五团团长。蒋介石发动"四·一二"反革命政变后,武汉国民政府继续北伐。蒋介石利用武汉后方空虚的弱点,勾结夏斗寅,偷袭武汉,企图破坏国民大革命,推翻武汉国民政府。叶挺奉命率武汉仅有的七十二、七十五团和中央独立师狙击叛军,保卫武汉。战斗中,七十二团团长许继慎不幸两次中弹,负伤倒下。紧急时刻,叶挺命令孙一中同时指挥两个团,进击叛军。经过数小时的激战,终于平定了夏斗寅的武装叛乱,使武汉局势转危为安。此次战斗是北伐战争史上光辉的一页,孙一中功不可没。

大革命失败后,国内形势严重恶化,中共中央为挽救革命,决定发动南昌起义。当时,孙一中所在的二十五师七十五团奉命堵截了张发奎前来增援的军车,并乘上这列缴获的火车,驶向南昌。孙一中的队伍进驻城南门附近,担任警戒任务。8月7日,担任后卫的七十五团奉命撤出南昌。南下途中,孙一中参加了会昌、洛口、三河坝等地的战斗。在三河坝战役中,孙一中再次身负重伤。伤好后,他于这年的11月底回到上海,找到中共中央在上海成立的收容小组。

不久,奉中央军委指示,孙一中利用私人关系,返回家乡寿县接办了柏文蔚部第三十三军学兵团,他被柏文蔚任命为学兵团团长。学兵团内部还建立了党的特别支部,孙一中担任特支书记。学兵团办了三个多月后,有人向蒋介石告密,此事累及柏文蔚,柏文蔚随即将学兵团撤去。

1929年10月,中共中央派孙一中和许光达到洪湖地区参加组建红军工作。在那里,他协助贺龙做了大量的工作。其间曾任中国工农红军第六军军长、第二军团参谋长、第二军军长等职。1931年春,红二军团改编为红三军,贺龙任军长,他任参谋长兼七师师长。他与贺龙一起率部转战鄂西北地区,连克巴东、兴山、秭归、房县等地,开辟了以房县为中心的鄂西革命根据地。就在这时,王明"左"倾路线在党中央占据了统治地位,洪湖地区也成立了以夏曦为首的中央代表机关——湘鄂西中央分局。1932年夏,夏曦在红军中进行肃反扩大化,对红军干部进行残酷斗争,无情打击。他们诬陷孙一中(已改名为孙德清)是"改组派",并将其杀害于湖北省监利县周老嘴。孙一中(孙德清)遇害时年仅二十八岁!

这位智勇双全、风华正茂的青年将军,红六军和鄂西北根据地的主要创始人之一,竟然被"左"倾路线的执行者以莫须有的罪名杀害了,实在叫人悲愤不已。1945年,中共七大追认孙一中为革命烈士。1962年,许光达向中央申述了孙一中冤案,周恩来生前也对孙一中案有所交代和特别关照,该案最终于1988年5月20日得到平反。

【相关链接】

孙一中返乡开展兵运

1927年底,周恩来指示孙一中利用当年柏文蔚保送其进黄埔军校的关系,打入柏文蔚部搞兵运工作。

当时,遭蒋介石排挤的原三十三军军长柏文蔚正在四处招募青年学生,意欲举办学兵团,培养下级军官,以扩充自己的势力而东山再起。中央军委和中共安徽省临委决定乘机利用亲友世交、同乡关系安排一批黄埔学生到柏部接办第三十三军学兵团,收集安排南昌起义后的流散人员,并借机开展兵运工作。于是,孙一中和廖运泽、孙天放、廖运周、许光达等人来到安徽寿县。国民革命军第三十三军是北伐战争中在共产党的帮助下建成的,主要是以辛亥革命时期"淮上军"骨干为基础组建的。该军政治部秘书黄铁民、独立团政治指导员宋伟年都是共产党人。军长柏文蔚是安徽地方势力,属武汉系统,蒋介石对他有戒心,柏文蔚受到歧视和排挤。这就为利用柏文蔚和蒋介石之间的矛盾,利用共产党与柏文蔚及其部下的老关系提供了可能性。果然,经中共安徽省临委的介绍,柏文蔚很乐意让他的"小同乡"孙一中为他办一个学兵团。

1928年2月6日(农历正月十五),学兵团在安徽寿县正式成立,定名为"北路宣慰使署学兵团",孙一中被任命为学兵团团长。学兵团虽属三十三军,但实际上在我党控制之下。学兵团内的教师绝大部分都是中共党员,并且在学兵团内部建立了党的特别支部,孙一中任特支书记。学兵团仿效黄埔军校的办学方法,注重对学生进行政治教育,学生军训时穿草鞋,教材主要是萧楚女、恽代英等人在黄埔军校、广州农民运动讲习所的讲稿。学员们白天上课、出操,晚上则到处贴标语、搞宣传。学兵团还组织学员深入农村,进行革命活动,如组织寿县城里茶房工人罢工等。学兵团办学最高峰的时候,有学员五百多名,内有党员三十六人,共青团员九十多人。虽然学兵团的革命活动搞得轰轰烈烈,但无形中也暴露了自己,致使当年5月举行暴动的计划流产。后来,柏文蔚撤去了孙一中等人的职务,学兵团也被解散。

虽然学兵团和学兵连(在正阳关还办了学兵连)只办了三个多月就解散了,也没有达到中央军委和安徽省临委关于分化三十三军,通过起义配合农民暴动将其变为革命武装的目的,但其历史意义和影响是不能否认的——扩大了党的影响,壮大了党的力量,为皖西乃至中国革命播下了种子,学兵团的许多青年后来都成为当地革命斗争的骨干;保存了大批参加南昌起义、广州起义的共产党员,如孙一中、廖运泽、廖运周、孙天放、张慕寒、陶之光、叶守成、王孜堂、陶秉哲、许光达、吴勤吾、张有余、李坦等。

(根据方敦寿编著的《锦绣安徽·八公山下》之《碧血洒洪湖,青春献中华》一文中的部分内容编写,安徽教育出版社,1999年版,第59~60页)

交通站长李乐天

李乐天(1900—1934),原名李其荣,又名李光宇,化名姜永之,安徽阜阳人,曾在寿县任职。

1919 年,李乐天考入北京大学,积极参加反帝爱国学生运动。1925年加入中国共产党。1926 年奉命参加北伐,任北伐军第三军二十二团党代表。1929 年返回家乡,建立和发展地方党组织,先后担任中共阜阳县委书记、阜阳中心县委书记、中共皖北(寿县)中心县委书记等职。1933 年春在太和县遭敌人逮捕,次年三月被杀害。

李乐天在担任皖北(寿县)中心县委书记期间,还兼任过正阳关交通分站站长一职,为该交通分站的建设、人员的往来护送、信息情报的搜集传递等做了大量卓有成效的工作。

正阳关在鄂豫皖苏区东北方百余里处,当时是皖北(寿县)中心县委的活动中心和机关所在地,中心县委管辖皖北地区 13 个县,与苏区联系密切。土地革命时期,正阳关就进入了共产党人的视野。从 1929 年冬开始,中共中央在安徽合肥店铺镇建立了一个交通中站,中站下设有正阳关交通分站。李乐天担任分站站长期间,为掩人耳目,在正阳关南大街马家行租用了一间房子,开了一家香烟铺,把它作为分站的联络处。

正阳关交通分站建立的五年时间里(1929—1934),中央交通员李和经常往返于上海和正阳之间，亦曾护送舒传贤、方运炽、沈泽民、张琴秋等人前往上海党中央或进入皖西苏区。1931年4月，沈泽民调任中共鄂豫皖省委书记。那是一个明媚的春日，沈泽民头戴绣顶瓜皮小帽，身穿一袭绸缎紫袍，一手拄着文明拐杖，一手由一身阔太太打扮的张琴秋搀扶着，由上海转道蚌埠，逆淮河而上，直抵正阳关，在正阳关分站的护送下顺利进入大别山。

国民党军队对大别山根据地进行"围剿"的时候，鄂豫皖苏区的粮食、衣物、油盐、药品等各种军需及民用物资十分匮乏。危难之际，李乐天送去了一份重要的情报：国民党第十军即将开赴正阳关驻防，目的是控制正阳关的大批食盐、药品、粮食和其他日用品。鄂豫皖分局对此信息高度重视，经研究后决定，采取长途奔袭战术，在国民党军队进驻正阳关之前，先期占领，来个虎口夺物。1931年5月11日，红25军在军长邝继勋的率领下，沿淠河挥师北上，直抵正阳。部队经过激战，于12日占领正阳关。进入正阳后红军在这里稍事休整，把军部临时设在今正阳镇政府院内后楼与当时的福音堂内，接着又在火神庙召开群众大会，宣传红军政策，号召民众团结起来抗租抗捐。会后，还组织人员打土豪分财物，将荣升、裕丰等十多家大粮行囤积的粮食分发给饥民。14日，红二十五军满载着收缴的各种战利品，乘船迅速撤回大别山。如今，正阳关的古街风貌多数已经不复存在，福音堂等一些当年红二十五军驻扎过的地方也变成了民宅，只有门口新立的那座"红二十五军军部旧址"的石碑，将这段历史定格了下来。

【相关链接】

中央交通站正阳分站

正阳关不仅在历史上是兵家必争之地，而且是各方势力和情报机关暗战的没有硝烟的战场。从资料上看,在土地革命时期,中共中央于1929—1934年在正阳设立了中央交通站正阳关分站并留有旧址。

中共中央为保持在剧烈国内革命战争环境中的交通联系,特设立交通总站,派人在武汉、开封、安庆三个省会建立了交通站;并在上海直至皖西北根据地途中的合肥县店铺镇(现属肥东)北头一家杂货店内,设立了中央交通中站,又称东线,下设寿县正阳关、六安县思古潭、舒城县七里河、潜山县皖河四个分站,共有交通员二十多人。正阳关是具有一千七百多年历史的淠河入淮古镇。它位于淮河、淠河、颍河三河交汇处,素有"七十二水归正阳"之说,水运交通极为发达,沿淮而下,可到淮南、蚌埠,并可通江达海;溯河而上可进入豫东地区;顺淠河而上可抵六安入大别山区;逆颍河向西北可达颍上、阜阳等地,是南北客商的集散地。正阳关得淮河舟楫之利而兴盛繁荣,"东接淮颍,西通关陕,商旅辐辏,利有海盐";每日泊船千条,帆樯林立,市声噪音,通宵达旦。商业荟萃,经济繁荣,奇货罕物应有尽有,素有"小上海"之称。因此,从明清到国民党统治时期,这里一直是皖西北地区政治、军事、经济、文化中心。正阳关有淠河直通皖西苏区,又可为中央和皖西苏区搜集军事、政治和经济情报,有着得天独厚的有利条件。

正阳交通分站设在正阳关南大街马家行一家香烟铺内。1931年夏,皖北(寿县)中心县委书记李乐天任分站站长,中央交通员李和经常往返于上海与正阳之间。

……

红色交通线的建立,保证了党中央和苏区的联系、沟通,及时传递了文件和机密情报。当时在国民党严密封锁的情况下,通往苏区的交通异常困难。交通站同志依靠人民群众,想方设法,曾护送舒传贤、方英等六安中心县委、皖西北特委主要负责人安全往返于皖西、上海等地,护送过沈泽民、张琴秋等鄂豫皖中央分局领导人及其他工作人员安全进入苏区,护送了苏区急需的物资。1932年5月,正阳关交通站为皖西苏区提供情报,使红二十五军顺利占领正阳关,获得大批军事物资,为巩固皖西北和鄂豫皖苏区的革命斗争做出了贡献。

中华关隘何其多,被誉为"淮南古镇""凤城首府"的正阳关以其优越的地理位置及在政治经济、军事文化、交通运输中所发挥的作用当在其中占有重要一席。1988年11月,解放军出版社出版了《中华名关》一书,收录名关一百一十三座,正阳关名列第十六位,正阳关的名声于此可见一斑。

(第二、三、四段文字引自马德俊著《六安精神读本》,安徽人民出版社,2011年版,第237~238页)

北伐先锋曹渊

有"红色小甸"之称的寿县小甸集,是皖西北老革命根据地之一,这里孕育了许许多多的革命先烈。一门三烈士——曹渊、曹云露、曹少修就是从这里走向革命征途的。

曹渊,1902年出生,1926年牺牲,是三烈士中牺牲最早、影响力最大的。

曹渊幼年启蒙于著名书画家、旧民主主义者张树侯先生,受到了一些进步思想的影响,心中向往革命。"五四"运动爆发时,曹渊在高语罕等人创办的芜湖工读学校读书,他被推选为学生代表,参加芜湖学生联合会。后来,因参与安庆"六·二"惨案的学生运动而被校方勒令退学。随后,曹渊考入了芜湖公立职业学校,旋即任校学生会主席。因替染病死亡的学生主持公道,组织罢课悼亡学生,校方称其为"过激分子",再次把他逐出校门。1922年秋,曹渊来到上海,在同学胡萍舟(胡允恭)那里,他读到了《新青年》《向导》《共产党宣言》《阶级斗争》等书刊,他还利用机会到上海大学旁听,并阅读了瞿秋白、蔡和森、张太雷、恽代英等人编撰的《社会科学概论》《哲学概论》《社会进化史》《世界工人运动》等讲义。在上海的这段时间里,他开阔了眼界,加深了对马克思主义的认识和理解,也进一步坚定了革命志向。

1924年5月,曹渊考入黄埔军校,成为第一期学员。在临毕业之际,曹渊加入了中国共产党。周恩来在参加接受曹渊入党的党小组会议上说："曹渊在学校读书期间，就接受马克思主义，投身党领导的学生运动。现在入党了，今后更要坚决贯彻党的路线政策，站稳党的立场，做党的忠诚战士，做革命军队的优秀指挥员！"周恩来的一席话给了曹渊很大的鼓舞。

1925年，曹渊随周恩来、叶挺参加两次东征讨伐陈炯明以及平定杨希闵、刘震寰叛乱的战斗，因屡立战功，被提升为国民革命军第一军三师九团一营营长。"中山舰"事件后，曹渊及在第一军工作的共产党员被迫退出了第一军。

1926年5月上旬，由共产党员和共青团员组成的国民革命军第四军叶挺独立团率两千一百名官兵出师北伐。出发前，根据叶挺要求、周恩来委任，曹渊为独立团一营营长兼党小组组长。第一营接受的第一项任务就是为友军运送数十万发枪炮弹。运送的情况是——运送路线：广东韶州至湖南郴州；运送距离：约三百里；沿途危险：湖南军阀的阻拦以及崎岖险要的高山峻岭；运送结果：按期到达郴州，如数交点枪炮弹药，没有丝毫损失。交接后，友军唐生智部感到异常惊奇和佩服。当时，独立团第二、三营在湖南安仁县黄沙铺被敌重兵分割包围，形势十分严峻。一营官兵刚刚交完弹药，来不及休息，就在叶挺和曹渊的带领下，连夜冒雨赶往黄沙铺投入战斗，为第二、三营解了围。次日，独立团全线反击，击溃敌军六个团，占领攸县，取得了北伐战争中的第一次大捷。

在北伐军的胜利进军中，曹渊领导的第一营像一把尖刀，攻无不克，战无不胜，立下了赫赫战功。汀泗桥之战，吴佩孚扬言要以"汀泗桥一役定天下"。汀泗桥拥有"一夫当关，万夫莫开"的险要地势，吴佩孚组织了千余人的敢死队，发起反攻，冲过汀泗桥，直逼第四军军部。叶挺令曹渊率部驰援，一营官兵经过连续冲锋，终于将敌人的敢死队击溃，军部化险为夷。

在攻打贺胜桥战斗中,曹渊率一营官兵一边对敌作战,一边救出身负重伤的二营营长许继慎。经过独立团官兵的奋勇作战,吴佩孚落荒而逃,通往武汉的最后一道大门——贺胜桥遂被占领。

1926年9月1日,各路北伐军合围武昌城。武昌是吴佩孚的大本营,地形险要,城墙坚厚,易守难攻。到9月3日,仍攻城不下。4日,各攻城部队决定每团抽出一个营为奋勇队,强行爬城。独立团负责攻打宾阳门至通湘门,以第一营为奋勇队,曹渊为奋勇队队长。9月5日零时,曹渊率奋勇队向登城地点急速前进,他们冒着枪林弹雨一直攻到城墙脚下,竖起云梯,奋勇攀登,登上城头的勇士们与敌人展开了肉搏战。但因友军未能及时配合,敌预备队不断向一营登城地点增援,曹渊率领的奋勇队伤亡很大,登上城头的勇士们几乎全部壮烈牺牲。天快亮时,曹渊在一个土包的掩护下,给叶挺写战斗报告:

团长:

天已拂晓,登城无望,职营伤亡将尽,现仅有十余人。但革命军人有进无退,如何处理,请指示。

曹渊

当写到自己名字的最后一笔时,曹渊不幸头部中弹,倒在血泊之中。那"渊"字的最后一笔,和着鲜血拖得很长很长……曹渊,这个优秀的革命军人,终以舍生取义实践了他"誓以我热血灌溉革命之花"的誓愿。牺牲时,年仅24岁。烈士遗体被夺回后,叶挺将军当众失声痛哭。

曹渊等烈士的牺牲精神,激励了革命军广大官兵,同年10月10日,武昌城被攻克。战后,独立团在武昌洪山建立了革命烈士陵墓。陵墓上刻有一百九十一名烈士英名,第一名就是曹渊。1938年,周恩来和叶挺分别给烈士之子曹云屏写信。周恩来在信中赞扬道："曹渊同志为谋国家之独立，人民之解放而英勇牺牲了，这是非常光荣的。我全党同志对曹渊同志这种英勇牺牲精神，表示无限的敬意。"叶挺将军在信中说："尔先父是模范的革命军人，且是我最好的同志，不幸殉职于武昌围攻之役，深夜追怀，常为雪涕。"1939 年 5 月，叶挺为组建新四军江北指挥部，路过淮西，偕同张云逸专程前往寿县曹家岗，探望烈士全家，并合影留念，给烈士家属以慰勉。

中华英烈曹云露

曹云露,生于 1910 年,为曹渊的侄子。

十二岁时,曹云露就读于小甸集小学,居住在寿县早期共产党员曹蕴真家,开始接触一些进步书刊,受到了革命思想的熏陶。1924 年,曹云露在曹小郢子进入由共产党员胡允恭等创办的淮上中学补习社学习,并秘密加入了名为"皖北青年社"的共产主义青年团组织。

1926 年,叔父曹渊在武昌战役中牺牲的消息传来,曹云露十分悲痛。他说:"为求中国之光明,牺牲最光荣,叔父遗志我继承。"自此,他离开学校,走上了革命道路。1928 年,经曹广化介绍加入中国共产党。1928 年至 1931 年间,曹云露以在上奠寺小学教书为掩护,在群众中秘密开展革命活动。

1931 年春,他参加著名的"瓦埠暴动"后,带领寿县红军游击队,开展反霸除恶斗争活动,先后击毙寿县"剿共"总司令毕少珊、双庙区区长赵秉臣,并捣毁众兴区反动政府,给民团武装和地方反动势力以沉重打击。寿县红军游击队不断取得胜利,使国民党地方政府惊慌失措,时任寿县县长席楚霖致电蒋介石请求"痛剿"。1934 年下半年,国民党政府增派大批军队来寿县"清剿"。为避免游击队遭受损失,保存革命力量,曹云露等人经研究决定,把游击队拉出去,转移到合肥一带开辟新的游击区。其时,寿县中心县委和合肥中心县委合并为皖西北中心县委,寿县和合肥两地游击队也合并为皖西北游击大队。次年2月,皖西北特委成立后,皖西北游击大队则扩编为皖西北独立游击师。曹云露先后为皖西北中心县委、皖西北特委的主要负责人之一,同时兼任皖西北独立游击师参谋长。随后,皖西北独立游击师在肥西、巢湖、官亭、雷麻、舒城、庐江等地开展革命活动,给敌人以很大威胁。

1937年春夏之间,曹云露赴革命圣地延安学习。同年12月底,他受党中央派遣,离开延安,返回寿县,恢复党组织并开展抗日斗争。第二年元月,中共安徽省工作委员会成立,曹云露任工委书记。安徽工委组建了皖北抗日游击大队,负责对日作战。曹云露等人还组织了寿县人民抗日动员委员会和抗日人民自卫军,其还亲自领导自卫军第三直属大队,收复了寿县县城。

1939年春,曹云露被派往鄂东工作。9月,在震惊中外的"夏家山事件"(皖南事变的预演)中,曹云露所在的鄂东独立游击第五大队损失惨重。曹云露本已突围,为营救被俘战士,他冒险去国民党自卫队交涉。在与国民党黄岗专员程汝怀、司令龙飞谈判时,遭到扣留,后被押往浠水监狱。在狱中,曹云露遭受敌人的严刑拷打和百般利诱,但他始终大义凛然,英勇不屈。10月21日,程汝怀将其杀害于浠水县南氏宗祠,曹云露牺牲时年仅二十九岁。

皖西北人民的优秀儿女之一曹云露,在其短暂而辉煌的一生中,为皖西北人民的解放事业做出了卓越的贡献。新中国成立后,曹云露被追认为革命烈士,其事迹被编入《中华英烈传》。

"老参议"曹少修

曹少修(1886—1947),著名烈士曹渊的二哥,曹云露的二叔,寿县早期革命人士、共产党员、烈士,参加过淮上军起义以及当地的讨袁、抗日、解放等战争。在中华人民共和国即将诞生的前夕,被国民党反动派杀害于下塘集。

早年,曹少修参加了张汇滔等领导的寿州淮上军起义。淮上军被遣散后,他回家设馆教书。1913年,孙中山号召举行"二次革命",曹少修奉安徽都督柏文蔚之命,联络地方武装参加讨袁斗争,失败后遭通缉而流离他乡。1923年曹少修来到上海,初步接触到马克思主义,对中国革命有了新的认识。1926年,曹渊在武昌城下英勇殉国后,他亲往祭奠,受到叶挺将军的接待和慰勉,更加坚定了其革命的决心和意志。武昌归来后,他更加自觉地投身于家乡的革命活动,并于1928年加入中国共产党。瓦埠暴动失败后,寿县一带陷入了严重的白色恐怖之中,曹少修以自己在家乡的影响力,帮助寿县红军游击队筹集粮款、掩护伤病员以及购买枪支弹药等。

抗日战争全面爆发后,曹少修动员民众加入共产党领导下的抗日武装。1940年,新四军江北指挥部所属武装在津浦路西建立抗日民主政权,他被选为参议员,根据地的干部群众都亲切地称他"老参议"。"老参议"肩负人民的委托,奔走于滁县、定远、寿县等地,积极宣传抗日思想,开展抗日工作。

1946年春,津浦路西新四军主力北撤,只留少数兵力组成游击队就地坚持斗争。此时,曹少修已年逾六旬,组织上考虑到他年高体弱,不宜留在敌后,要他随主力北上。可他却不同意,一定要留下来坚持敌后斗争。他说:"我虽不能同你们一样持枪杀敌,但我的腿能走,嘴能讲,淮西是我家乡,人熟,比跟主力部队作用大得多。"最后,组织上只好同意他的要求,让他留了下来。此后的一年多时间里,曹少修始终和留在敌后坚持斗争的游击队战斗在一起。这年夏末,国民党孙良诚部进攻寿县瓦埠以南至吴山庙的游击队活动区域。一部分游击队员安全转移,另一部分的五十余人则在小甸集进入了敌人的合击圈内。曹少修深知家乡有着光荣的革命传统,当地群众基础很好,便建议游击队员分散隐藏到小甸集与上奠寺之间各个村庄的农民家里。次日敌军到来,不见游击队踪影,便移兵他去,游击队安然脱险。敌后斗争环境恶劣,生活艰苦,长途跋涉进行战略转移或奔袭敌人是常有的事。曹少修以六旬高龄,随军行动,但他老当益壮,精神抖擞地随游击队风里来,雨里去,始终保持革命的乐观主义精神,干部战士也深受鼓舞。

让人十分惋惜的是,就在黑暗即将过去,黎明的曙光将要到来的时候,曹少修却倒在了敌人的屠刀之下。1947年冬,曹少修请假回家探亲,被当地一大地主(绰号"曹大野牛")侦悉,密报国民党寿县县长王镇华,王镇华将他逮捕。在关押中,敌人软硬兼施,百般利诱,但曹少修始终坚贞不屈,正气凛然。1947年11月30日,曹少修在下塘集慷慨就义。就义前,其留言道:"吾弟渊,为革命而死;吾侄云露,亦为革命而死;今吾亦死,一门三烈士,足以光荣吾门庭。"这掷地有声、铿锵有力的话语响彻天际,足以震慑群丑。"一门三烈士"一语,就此传遍开来。

曹少修是三烈士中从事革命活动最早、牺牲最晚的烈士。

曹少修牺牲后,中共寿六合霍工委根据他的遗愿和一贯表现,追认他为中国共产党党员。

【相关链接】

三烈士故居

淮河之滨,寿县境内,瓦埠湖畔,有一自然村落,名叫曹家岗,三烈士故居就在这里。

曹姓在这一带是大姓,散居在小甸集(镇)周围的数十个村庄里。新中国成立前的旧中国,曹家岗和周围的村庄一样,土墙上支起几根木头,上面铺上茅草,便是房屋。只有地主、官僚和祠堂才能盖得起砖瓦房。曹姓没有几家地主,特别是没有当权派大地主,多是生活在社会最底层的贫苦农民,极具反抗精神。一九二三年冬,这里建立了中国共产党小甸集党支部,这里的人民从此在中国共产党的旗帜下,英勇献身,前仆后继。从共产党成立到中华人民共和国成立,仅二十来户的曹家岗,从曹渊开始到全国解放止,就有六位烈士为革命而牺牲。曹家岗是红色小甸集里名副其实的赤色村庄。

三烈士故居原来是在曹家岗村内,后来迁到村边沿种菜的园子里。之所以从曹家岗村内迁到村外,这是与三烈士之一的曹少修早期革命活动有关。三烈士,即曹渊、曹云露、曹少修。曹少修是曹渊的二哥,曹云露是曹渊大哥曹兴宽的儿子,他们是叔侄。曹渊的父亲,名曹守身,育有三个儿子,即长子曹兴宽;次子曹政宽,字少修;三子曹郡宽,字渊。曹守身继承祖业携子女住在村内。他粗识文字,极具正义感,支持儿孙参加革命。1911年辛亥革命,寿县革命者高举"淮上军"义旗,响应武昌首义。曹少修率乡众入淮上军,据寿县古城,攻蚌埠、进阜阳,所向披靡。后南北议和,部队解散,少修返村设馆教学。1913年讨袁之役,曹少修复起兵参与讨袁。失败后遭通缉,被抄了家,房舍被毁,家人四处逃难,流离失所,无以为家。曹氏所为殃及邻里,遭受埋怨。当时村外菜地有茅屋两间,曹守身即带家人权且安身于此。后来又加盖了两间草屋,遂定居于此。这就是为什么由村内搬到园子里的原因。其实定居在园子里是有道理的:第一,此地与村内有一段距离,有池塘、水沟相隔,进出来往,与村内无涉,进行革命活动,牵连不到邻里;第二,也便于保密;其三,就全局来看,曹家岗远离反动统治中心,南去合肥,北上寿县县城,均在百里之外,是统治势力较为薄弱的地方。总之,此处为革命活动提供了十分有利的条件。

1923年在原房屋北面盖了新屋四间,这年曹渊烈士结婚。

1939年春,党组织在三烈士故居办了训练班(对外是保密的),为党培训干部,由曹云露讲授游击战争,故居的女人们则为训练班学员烧水做饭。

1939年5月,叶挺军长江北之行,偕同张云逸转道来故居探望曹渊烈士亲属。这是故居的光荣,当时的《大别山日报》,曾刊登朱克靖同志记述这件事的文章。至于故居,朱克靖是这样记载的:蛛网四壁,墙体倾斜,以木料支撑。

1943年日寇占领小甸,视故居为眼中钉,拆毁了四间主要房屋(即1923年所建的那四间),把木料拿去修造碉堡炮楼。一同被毁的还有故居大梁上书写的"中华民国十二年 月 日立"几个浓墨毛笔大字。这是曹渊烈士的书法墨迹。曹渊烈士是书法家张树侯先生的学生,其书法极受先生赏识,也为乡里所称道,无法再现,殊为可惜。

解放初期,故居已是断垣残壁,只有仅存的几间破陋草屋傲然屹立在园子上。后来不知什么时候也都倒塌了。

从1913年讨袁之役算起至20世纪50年代,烈士故居存在了约半个世纪,这是中国人民革命斗争的火红世纪,是翻天覆地的世纪。烈士故居见证了半个世纪以来中国大地上所发生的沧桑巨变,更见证了史诗一样的"一门三烈士"的忠烈之举。

(根据曹渊烈士之子曹云屏《曹门三烈士故居纪事》一文编写,寿县旅游网:http://www.sxlyw.gov.cn/index.php/sx_celebrity/id/481)

参考文献:

[1]吴寿祺.安徽历史人物[M].合肥:黄山书社,1990.

[2]方敦寿.锦绣安徽·八公山下[M].合肥:安徽教育出版社,1999.

[3]时洪平.人物英华[M].合肥:安徽人民出版社,2009.

[4]马德俊.六安精神读本[M].合肥:安徽人民出版社,2011.

[5]安徽省民政厅主编.江淮英烈传[M].合肥:安徽人民出版社,1982.

[6]中共寿县县委党史工委办公室编.寿县革命史[M].合肥:安徽人民出版社,1992.

[7]中共寿县县委党史办公室编.寿县革命史话[M].合肥:黄山书社,1995.

第三章 艺苑英才与寿县艺术文化

第三章　艺苑英才与寿县艺术文化

　　艺术文化是一个由"艺术"和"文化"两个词组成的词组，它以"艺术"限制"文化"的外延，从而把此处文化的内涵限定在一个范围之内。当代文化学者比留科夫和格列尔曾把人类文化勾画出三个层次，即物质文化、精神文化和艺术文化。随后又有人进一步补充道："如果说被视为整体的文化是人类活动的方式和产品总和，那么，艺术文化就是人们艺术活动的方式和产品总和。"以上表述基本阐明了艺术文化的内涵。当然，在整个文化系统中，关于艺术文化与物质文化、精神文化的划分是相对的，三者往往有机地融为一体，即便是在"纯粹"的艺术文化中，也有显而易见的物质形态和内蕴的精神因素，否则艺术就不可能以"活动的方式"和"产品"的形态出现。

　　艺术文化是艺术与文化的混合体。它是被艺术所统领、被艺术所裹挟、被艺术所重组的文化，也是被文化所渗透、被文化所浸泡、被文化所化成的艺术。艺术文化，是艺术与尚未凝结成艺术但具有一定的艺术性的美的因子与诸多文化元素的聚合。例如，古琴文化是艺术文化的有机组成部分。古琴艺术文化是由琴艺、琴技、琴器、琴曲、琴谱、琴史、琴人、琴乡、琴境、琴学、琴道、琴文、琴论等十几个部分组成的。如果我们只用艺术或文化，去笼统地指称这个混合体，显然是不合适的，而用古琴艺术文化去指称这一庞杂的存在，则是恰当的。

　　可以说，艺术文化，是与政治文化、经济文化、科技文化、军事文化、宗教文化等多种文化形态并列的文化系统的组成部分。艺术文化系统的内部构成，已经显现出较为严谨的层次结构。艺术文化的生态系统中，涵盖了书法文化、美术文化、戏剧文化、音乐文化、舞蹈文化、写作文化、电影文化、建筑文化等若干个艺术文化子系统。而在每一个文化子系统中，又包含了若干个体量更小的艺术文化板块。例如，美术文化，就囊括了绘画文化、雕刻文化、民间工艺文化等无数个更具体的板块与构件。

我们所处的时代，是一个人人都能随时随地触摸到艺术的时代。艺术不再是垄断在少数人手中的精英文化，而是人们随时能够接触到的、体验到的大众文化。随着介入艺术文化领域的人越来越多，艺术也开始与现实种种因素产生各种不容忽视的联系。

寿县作为国家历史文化名城，名胜古迹众多，具有深厚的历史文化沉淀，其中艺术文化更可谓大放异彩，过去，沿淮一带就有"怀诗、寿字、桐文章"之说。"寿字"就是指寿县的书法艺术文化。寿县堪称书画之乡，无论是在繁华的城镇，还是在偏僻的乡间，上至古稀之年的老者，下到稚气未脱的小儿，均能笔走龙蛇，巧绘丹青。无论走进富裕殷实之门户，还是踏入寻常百姓之人家，你都会发现家中的客厅或书房里总是挂着众多字画，给主人的居室增添了儒雅的气息。寿县人酷爱书法、绘画、戏剧等艺术文化，积极参与其中，一边传承，一边创新，其中犹以张树侯、司徒越、孙多慈、张野塘、黄吉安、金克木、朱鸿震等人为代表。如今，在寿县关于书画的交流活动蔚然成风，成为寿县艺术文化中最引人注目的奇葩。这为寿县艺术文化走向全省、全国，甚至走向世界奠定了坚实的物质基础和文化基础。

在皖西大地上，寿县这块土地人文气息非常浓厚，文学、戏剧、书法、绘画、音乐等各种艺术文化积淀深厚，出现了一个又一个享誉海内外的艺术大师。他们的艺术创作在当时、现在乃至将来都是寿县文化的宝贵财富和精神食粮。因此，本章试图从众多的文献中梳理钩稽出一批寿县艺苑英才，考察他们对寿县艺术文化的卓越贡献和在国内外产生的重大影响，这其中包括川剧大师黄吉安，昆曲始祖张野塘，书画大家张树侯，狂草大师司徒越，著名国画家孙多慈，文学翻译家朱海观，著名文学家、翻译家、学者金克木，南宋哲学家、教育家吕祖谦，寿州隐逸诗人朱鸿震，语言学家邵荣芬等。我们希望通过对这些名人事迹的钩沉，理清寿县艺术文化的脉络。这不仅可以为学界提供珍贵的史料，也为寿县艺术文化保留一份弥足珍贵的"记忆"。

书画大家张树侯

张树侯(1866－1935),字之屏,寿县瓦埠乡曹家岗村西的邢家岗人,生于清同治五年(1866),卒于民国二十四年(1935)。他在诗、书、画、印等方面都造诣深厚,是清末民初一位颇有影响力的书法大家。至今,他的许多作品尚被省、市、县博物馆和民间珍藏。

张树侯
(1866——1935)

字之屏,寿州瓦埠邢家岗人,25岁中秀才,在家乡组织强立学社,早年追随孙中山先生从事革命活动。民国成立后退居乡里教书育人,以民主革命思想教育了曹蕴真、方造炽、曹渊、曹鼎、曹云露等大批青年。是民国时期著名的书画家、篆刻家和民主革命教育家。

书香门第

张树侯自幼勤奋好学,二十五岁考中秀才(后及举人副榜)。张树侯从小受家族书香熏陶,其祖父年轻时,家教严格,长辈要求子女勤学苦读。在张家的家族历史上,先后培养出六位秀才。他们分别是张树侯的叔祖父张积,张树侯的三个叔叔张善凯、张善仕、张善璞,张树侯的二哥张希乔,还有张树侯本人。张树侯的堂弟张杰三(名之俊)虽没有考取秀才,但却是一位精通天文地理、微积分的一代塾师,他教出来的学生,后来大多成为专家学者,例如皖籍名人陈紫枫就出自其门下。

人物生平

1898年,维新变法期间,张树侯与寿县人孙毓筠(曾担任安徽省第一都督)、柏文蔚等创办"阅报学社"与"强立学社"(社址均设在张树侯的私塾里),研究和传播新学,从事反清斗争。同年冬,张树侯、柏文蔚等联络哥老会首领郭其昌、贾冥千等在寿县组创"岳王会",以反清朝。

1901年,考中秀才,入读县学。

1904年,张树侯应柏文蔚之邀,率生徒二十余人,入安庆武备学堂。是年夏,张与郭其昌密谋在安庆发动起义,因准备不足而失败。郭其昌被绞死,张树侯被两江总督周馥下令通缉,逃往杭州,匿迹韬光庵削发为僧,化俗名"伊其康",法号"隐康"。

1905年,张树侯应芜湖安徽公学李光炯之邀,还俗到该校主讲经学。

1906年,张树侯在芜湖结识同盟会骨干吴谷,不久被介绍加入同盟会,追随孙中山先生,奔走革命。

1907年,张树侯偕安徽公学杨端甫、彭卓甫走避东北,受聘为延吉陆军学校教习。因参与吉林的反清活动,被清吏侦悉,遂越境逃至朝鲜清津。在清津,张树侯策划陈其顺率手下两万中朝劳工举事,因款械不济而未果。

1909年,张树侯经香港回到上海,在沪上组织淮上军地下联络处。是年与于右任初识于沪上。中华民国成立后,"自知非政治材,退居乡里"。

1913年,"袁氏叛国,淮上民军失败,凶焰方张,僇及无辜",张树侯被迫走避巴蜀。袁称帝失败,张复返乡。

1918年冬,张树侯应友人之邀,北上燕京,在北京女子高等师范学校任教,讲授经学与书法。

1920年,张树侯返回故乡,潜心艺事。

1933年,张树侯为五烈士葬事受邀到当时的安徽省会安庆,"在省年余,求书者日夕盈门,有洛阳纸贵之势"。

1934年,张树侯过生日,时在安庆的柏文蔚等人发布启事寄给国内外友人,为其做寿。陈独秀、林森、段祺瑞、汪精卫、孙科、柏文蔚、于右任、翁文灏、齐白石等均寄有贺幅,各地寄至的祝寿贺件近千件。

1935年4月18日，张树侯在省城安庆南庄岭省葬委员会内无疾而终。"身后纸笔一束，两袖清风，老友柏文蔚、权道涵等缅怀旧谊，为之集资公葬于安庆城西烈士祠内"。三人的友谊终死不渝，充分体现了中国士大夫的美德与气节，可敬可颂。

书法大家

张树侯是清末民初在江淮一带享有盛誉的书法大家。生平力学，至老不衰，于金石书法，好之尤笃。"三代篆籀，暨汉唐以来诸石刻，搜罗甚富"。书法正、草、隶、篆四体皆能，尤以隶篆见长，"以吉金文字之法，纳入今隶，综括挥写，一任天机流衍"。篆隶书功力深厚，行草书特具个性，时人称之为皖籍大书法家。他的墨迹遍及全国各地，在江淮城乡尤盛。目前尚有几家博物馆藏有他的书法真迹，如寿县博物馆藏其书写的中堂、条幅、对联八副，时常向外展出，供人观赏。

张氏除了在书法方面有很高的造诣外，在书法理论上亦有重要建树。1932年秋，上海商务印书馆出版了其学术专著《书法真诠》。该专著从最初的论书笔记到后来的书法专著，历经了近二十年的撰写、修改与增订。这本著作共分为十八个章节，详细论述了书法艺术的结构、布白、分行、运笔、执笔、选毫、择纸、率性、矫正、择师、参考、墨妙、恶札、标格、观人、养气等各个方面。该书被誉为"以五十年之考订，证三千岁之源流，开后进之坦途，辟前人之怪论，要言不烦，读之心折"。文理精明、思辨深刻、见解独到、语言精练、立说严谨，专家给予如是肯定。如著名书法家、国民党元老于右任先生阅读此书后，亲自为该书题诗一首："天际真人张树侯，东西南北也应休。苍茫射虎屠龙手，种菜论书老寿州。"从此评论中可见其书品位之高。

著书立说

张树侯学识渊博、文思敏捷,生前著述很多,除了《书法真诠》外,在文学诗词、印章篆刻、地方史志等方面也有著述,如《尚书文苑》《淮南耆旧小传·初编》《联语存录》《晚菘堂诗草》《淮上革命史》《树侯印存》等,并于1908年编纂了一部《寿州乡土志》。

《淮南耆旧小传·初编》是张树侯搜集整理明末至清末江淮一带十种不同行业在社会上小有名气的老艺人的小传("耆旧"指年高望重者)。其中"书家"一章,虽不能与《书法真诠》相提并论,但对后人研究明末至清末近三百年淮南一带地方书家提供了大量的史料。据《淮南耆旧小传·初编》记载:"以光怪陆离之笔,写嵌崎磊落之人,剑气珠光,骈罗薛萃。"可见,张树侯当时感悟到寿县历史上虽是人才济济,但是大多数人在正史中都没有记载,甚至还存在是非颠倒、褒贬有误的问题,必须给予客观、公正的评价。

此书分为自叙、自撰小传、题词、目录等章节。其中目录部分共记载十种耆旧的小传,分别为"抗杰"五人、"畸形"九人、"枭雄"五人、"游侠"七人、"文学"二十五人、"书家"十二人、"画家"二十七人、"技艺"五人、"武术"二人、"方外"十人。其中涉及"书家"耆旧的共三十一人,分别是熊廷弼、黄道日、梁巘、邓琰、孙扮谦、辜光曙、张演、盛渤、孙长和、薛鸿、夏日长、凌烽、王显谟、李亨、刘成业、程绍栋、沈用熙、靳理纯、方朔、吴廷康、刘锡九、魏念祖、杨在宽、宫尔铎、范家琛、胡大冈、蒋艮、郭桂芳、赵赐蕃、李葆森、张万青。

书中简略记载了许多耆旧的生平事迹。如有关薛鸿的记载:"相传先生(薛鸿)有一子,误于庸医以死。控于县署,不能直。控于金陵,系上元狱。时陶文毅公(陶澍)驻节金陵,新修鼓楼,手书绰楔,自视不称。悬金求能书者,任自拟文。狱卒知先生能书,告知。乃书'声闻于天'四字,狱卒持以献。文毅见之,大惊异。延见之,为雪其冤狱。每出其书,夸示于人。并欲客之。由是求书者日众。一日,留书别文毅,不面而去。文毅太息者累日。"所有耆旧的记载,长者几百字,短者几十字。作者不因所选人物的声誉而随意增减文字,就连《清史稿》记载的清代著名书家梁巘的内容也不多。

【相关链接】

寻访张树侯

王继林

2013年是中共寿县小甸集特支成立九十周年,1923年秋,安徽省第一个党组织在寿县小甸集诞生。在"小甸集特支纪念馆"里,张树侯先生的画像悬挂在墙上,"张树侯(1866—1935),字之屏,寿州瓦埠邢家岗人,二十五岁中秀才,在家乡组织强立学社,早年追随孙中山先生从事革命活动。民国成立后退居乡里教书育人,以民主革命思想教育了曹蕴真、方运炽、曹渊、曹鼎、曹云露等大批青年,是民国时期著名的书画家、篆刻家和民主革命教育家"。2013年秋,寿县作家协会一行人踏上瓦东这片热土,寻访被于右任赞为"苍茫射虎屠龙手,种菜论书老寿州"的张树侯先生。

瓦埠湖,一百六十平方公里,湖的南部流域全境在寿县,分为东西两岸。瓦东地区从北向南分别有瓦埠镇、大顺镇、小甸镇、双庙镇。从地图上看,瓦东地区,叫"岗""冲"的多,这里岗地多,地势绵延起伏,有不少旧时聚落——老圩子,建在高台上。如今因人们迁居平地,旧村落也就荒芜了,长着高大的树。圩子的存在,有防水患功能;内乱频发,修圩筑寨也不失为防御设施。叫"郢"的也不少,"郢"表现了楚人对先民的怀念(钱穆说),这证明了瓦东地区较早地接受了楚文化的濡染。

在瓦埠镇铁佛村,村民张子传告诉我们,张冲村南圩是张姓的聚居地。张冲村在一片岗地中间,像突兀起的一片绿色。村民张友生很忠厚,他带着我们走访耄耋之年的张子芳,张子芳八十多岁,但思维清晰。说起张树侯,他突然来了精神,"张树侯我知道,跟随孙中山参加过辛亥革命",自张树侯(张之屏)起,张家的排辈依次是"之、家、君、子、友",也就是说张树侯算是张子芳的曾祖辈了。老人说,"我们和张之屏本不是一家,后来认的亲,合并了家谱,他们家在离这儿不远的邢岗,我曾有过他的一幅手札,'五风'时丢了"。邢岗即邢家岗,现属小甸镇。

张子芳和张友生把我们送至门外并和寻访的一行人合影留念。出了张冲村,暮色已深,远远地回望那个小村子,想起一句话——"英雄各有见,何必问出处"。辛亥已百年,张树侯,老寿州。

(摘自 http://old.shouxian.gov.cn/contents/53539.html)

狂草大师司徒越

司徒越(1914—1990),原名孙方鲲,字剑鸣,寿县城关人。

司徒越虽出身于名门望族,但家境贫寒,幸得亲戚资助,于1931年春考入上海美专学西画。其间他因积极参加"九·一八"反蒋抗日学生运动,曾遭巡捕房逮捕。为防止反动当局的迫害,司徒越在第二年转入上海新华艺术专科学校,继续从事革命工作和完成学业,于1933年冬毕业。在校期间,他积极参加抗日救亡学生运动。

1938年国共合作期间,在郭沫若领导下的国民党军委会政治部做抗日救亡宣传工作。

1940年,回到家乡从事教育工作,曾任寿县众多中学的副校长、校长等职。

1963年,司徒越在寿县博物馆从事文物考古研究工作。他博学多艺,善诗文,精篆刻,以书法见长。他的狂草书艺,独树一帜,蜚声海内外。

1976年一次偶然的机遇,改变了司徒越的人生之路。当年春,司徒越的一幅草书作品入选到日本展出,结果是艺惊日本,观者赞不绝口,被选入日本出版的《中国现代书道展》。消息传回国内,人们才开始知道司徒越其人、其书。

司徒越作为著名书法家活跃于我国书坛,仅只有20世纪70年代中期至去世前的短短十余年时间,时间虽短,但却取得了巨大的成就。

他尊重传统,认真学习古名家技法,但绝不泥古不化,而是古为我用,力求创新。在 20 世纪 80 年代中期逐渐形成了自己独特的风格,以雄健奔放、婉转流畅的狂草独步书坛,得到专家们的认可、群众的欢迎。作为一个书法家,司徒越虽诸体皆能,但大多数索书者就是指名要那种虬龙惊走一样的"认不得"的字。

1984 年后任安徽省考古学会、博物馆学会理事,寿县第八、第九届政协副主席,省第六、第七届人大代表。

1990 年 10 月 21 日 12 时 25 分,司徒越在寿县因病去世,享年 76 岁。

书法艺术

司徒越先生的书法艺术独树一帜,饮誉国内外,尤以狂草、金文见长。先生草书初学怀素,后学张旭,对黄庭坚、祝允明、王铎,乃至王羲之、王献之、孙过庭等也有所涉猎和研究。其晚年草书在章法及墨法上均开辟蹊径,形成了自己回旋盘绕、纵横交织的章法布局和出神入化、极具缥缈姿态的墨法特色。先生自以为其书草而不狂,这可能与

司徒越 草书联 秀色野香供雪饮 名章俊语用云裁

先生严谨的治学态度、郁博的心理状态有关。

唐代狂草大师张旭、怀素被誉为"癫张醉素",他们往往借酒来浇溉自己心中的块垒,所以,他们的狂草连绵起伏、气势磅礴,犹如江河一泻千里。司徒越先生历尽人生坎坷与磨难,所以,他的狂草作品中相对来说没有大的开合与起伏。他也承认自己的草书缺乏"慷慨激昂、抑扬顿挫"(司徒越致王业霖

信)。司徒越先生的草书更多体现的是一种挣脱束缚、冲出樊笼的心理状态,他的狂草是"带着镣铐的舞蹈"。

司徒越先生的金文书法上溯三代,而又融入楚系金文的浪漫多姿和诡谲神秘。他的金文作品用笔厚重、结字端庄、章法完美。司徒越先生把"书卷气"与"金石气"巧妙地融进了篆书创作中,作品极大地体现出了"真""善""美"。所谓"真",即作草遵守草法,作篆遵守篆法。金文中没有的字,宁可不作,也不生搬硬凑。偶有个别,大多释文注明。所谓"善",即善待每一幅作品。他创作前写小样,不满意的作品从不示人,其狂草更是无一丝狰狞之态。所谓"美",即作品的章法美、气韵美。

司徒越先生早年学过西画,西画的构图对其书法作品的章法起到了巨大的影响作用。他在小传《崎岖历尽到通途》中自我总结道:"西画要求画一件东西,应是从整体到局部,从局部再回到整体,即是说,首先要把握整体,最终还是要看整体的效果。书法,特别是草书也是这样。"司徒越先生青年时期在刘家圩(台湾首任巡抚刘铭传老宅,曾收藏虢季子白盘)临摹过大量的金文拓片,并装订成册,名曰《甲骨金石文钞》,这为其后来的金文书法创作打下了坚实的基础。

无论是作草还是作篆,司徒越先生都喜欢用水破墨,使其作品墨彩丰富,呈现出浓淡、干湿、润燥的强烈对比。这种把中国传统绘画中的墨法运用于书法创作中,在明清时已经出现,司徒越先生在其创作中进一步发挥涨墨、枯笔的作用,有"润含春雨、干裂秋风"的特点,为其作品增添了更多的亮点。

司徒越先生擅制印。他将汉印、古玺揣摩消化,又融入狂草的章法、吉金文字,形成了自己篆法考究、行刀稳健、章法多变的印风。即使从1943年刻第一方"司徒越"印算起,他的一生也并没有留下太多的篆刻作品,仅从他自己留有印蜕的小册子《捉刀集》和安徽美术出版社出版的《安徽现代篆刻集》上的作品来看,可知他谙熟金石文字,运用穿插、挪位、欹侧、呼应等手法,以刀代笔,精心安排,巧妙布置,稳中求险,险中求稳,把汉印的苍茫、古玺的朴茂充分地表现了出来。

艺术成就

司徒越的书学思想集中体现在《草书獭祭篇》《小议书法创新》《结体、章法举隅》等文章中。他总结自己对草书的理解,写出《草书獭祭篇》,发表于中国书法函授大学的校刊《书法学习与辅导》上;为中国书法函授大学合肥分校所写讲稿《结体、章法举隅》指导了一大批书法爱好者;发表于《书法》上的《小议书法创新》,也对广大书法爱好者有指导作用。从这些文章中可以看出,首先,他敢于批判古代书论。比如,关于"匆匆不暇草书""唯草书至难""规矩入巧、乃名神化"等言论(均见于《草书獭祭篇》)。其次,他敢于批评古今书家,更勇于否定自我。比如,对邓石如与舒同的批评、对郭沫若与林散之的批评等。他承认自己笔法(笔姿与笔力)的不足,更清醒地认识到自己必须"三多"(多写、多看、多想),并对草书的抒情性提出了见解,即追求"慷慨激昂、抑扬顿挫"。对于 20 世纪 80 年代出现的"现代书法",司徒越也提出了自己的看法。他指出"追求笔墨情趣,制造磅礴气势,化书为画"(《小议书法创新》)等,均是脱离传统的所谓"创新"。这种创新是无源之水、空中楼阁,是不可取的。1985 年 5 月,司徒越在北京看了日本手岛右卿的书法展览后,写信给王业霖:日本手岛右卿,观其履历,至是惊人。看其作品,确有特色。他不同于日本的前卫、现代派者,是仍以汉字为基础,着意追求笔情墨趣,但多数同一技法,变化不大。1987 年 8 月 7 日,他又写信给王业霖说:"西方的野兽派、达达派闹腾了几十年,东方的前卫派、少字派也'创新'了若干年,成绩如何,有目共睹。你说他莫名其妙,不辨妍媸,他们自己肯定以为妙不可言,美不胜收。"对于舶来书法,司徒越则是辩证地对待。

作为一个学者型的书法家,司徒越并不仅仅是个"写字匠",他博学多闻,在诗词、篆刻、考古、绘画诸多领域有所涉猎,并取得了不俗的成就。

司徒越所作诗词在史无前例的浩劫中已荡然无存,晚年唱和之作及应制之作集为《留痕》一本,其逝世后被友人和学生收录在《皖西诗词》上。《留痕》是司徒越借用诗的形式记录下自己坎坷人生中的几行脚印。在这本诗稿中,除了《"文革"期间答友人》(两首:"以沫相濡泥淖中,翻怜涸鲋在筠笼。不须更作江湖梦,极目中原有巨峰。""偏堕罡风浩劫中,神州屡见血殷红。人间正气摧残尽,贯日何曾有白虹")之外,其余的诗都是"文革"后所作,"文革"前的诗作已在那场政治浩劫中"灰飞烟灭"。诗中既有他对蒙冤之时痛彻心脾的回忆:"往事摧肝胆,年光换鬓丝";也有拨乱反正之后发自内心的欢唱:"幸雪十年耻,欣逢四化时"。他的篆刻作品有未刊稿《捉刀集》《冯妇集》两本,其中少数作品曾发表在安徽省内外的报刊上。

司徒越先生除了工诗文、精篆刻外,还通考古。在考古学方面也颇有建树,曾发表《鄂君启节续探》《关于芍陂(安丰塘)始建时期的问题》等文章。他在考古论文《鄂君启节续探》中挑战权威,大胆提出自己的观点,受到安徽考古学界的推崇。而他1985年写的另一篇考古论文《关于芍陂(安丰塘)始建时期的问题》,以翔实的史料、严密的逻辑推理,论证了坐落在寿县城南六十里的安丰塘就是两千六百年前的楚相孙叔敖主持兴建的水利工程——"芍陂",解决了我国水利史学界多年争论不休的难题。从而确定了"安丰塘"(即古代的"芍陂")在我国乃至世界都是最早建成并且迄今仍在发挥效益的水利工程。这一观点得到了中国水利史研究会前后两任会长及众多专家的认可,"安丰塘"也因此被国务院定为"全国重点文物保护单位"。

司徒越的画作目前仅可见油画数幅、速写一本。其中两幅栩栩如生的自画像(油画)准确地表现了他的气质,可见其绘画功力之深。

人物荣誉

司徒越先生的书法作品曾入选第一、第二届全国书法篆刻展,日本为纪念中日邦交正常化十五周年举办的"中国著名书家百人展""中国现代书道展",上海为纪念《书法》杂志创刊十周年纪念展,庆祝中华人民共和国成立五十周年系列书法大展等数百次展览。其书法作品并被选送到德国、芬兰、日本等国展出。刘少奇纪念馆、周恩来纪念馆、中国书法艺术博物馆、茅盾故居纪念馆、钱君匋艺术馆等处都收藏有他的书作。据不完全统计,1976 年至 1987 年间,他一共作书四千七百余幅,流传遍布海内外。

《安徽画报》《书法》《书法之友》等杂志都分别以专版重点介绍过司徒越及其作品。其作品被收入《现代中国书道展》及《中国著名书法家百人作品选》(以上两书日本出版)、《中国年鉴书法选》(新华社编辑)、《当代书法家墨迹诗文选》(《书法》杂志社编辑)、《庆祝中华人民共和国成立五十周年系列书法大展作品集》(中国文联出版社出版)等书。1987 年底,安徽美术出版社为其出版了《司徒越书法选》。

司徒越其人其书两次被摄制成电视专题片《司徒越的狂草艺术》,该片在中央电视台及多家省市电视台播放后,好评如潮,影响深远。

【相关链接】

司徒越书学思想研究

韩书茂

司徒越先生是我国当代草书创作的代表性书家,在他生命的最后十余年间,创作了数以五六千件的书艺佳作,为丰富我国新时期书法创作实践留下了一笔宝贵的精神财富。同时,他撰文著说,应邀讲学,与同道、学生通过信函商讨书法艺术的一系列重要和现实的热门话题,形成了具有鲜明的时代特征和个人色彩的书学思想。学习和研究司徒越的书学思想,无疑将有益于书法事业的进一步发展。

一、辩证唯物论是司徒越全部书学思想的哲学基础

司徒越出生于寿县的一个书香门第,是清末著名金石家孙蟠的后裔。他幼年读私塾,青少年时期赴上海美专和新华艺专学习西画。在此期间,他积极参加如火如荼的抗日救亡运动,曾任共青团江苏省委秘书兼巡视员。第二次国共合作期间,他在军委会政治部(政治部主任周恩来)第三厅(厅长郭沫若)六处三科与洪深一起工作。四十年代回乡教学,解放初期,历任寿县正阳中学、六安师范、舒城中学副校长、校长等职。从一九五二年他被列为"审查对象"到一九七六年粉碎"四人帮",在长达二十余年的时间里,他多次遭遇不公,历尽坎坷,但仍然坚持学习,毫不懈怠。十一届三中全会以后,他欣逢思想解放、文化复兴的盛世,不顾年事已高和体弱多病的羁绊,以饱满的政治热情和只争朝夕的奋斗精神,努力学习,辛勤创作,悉心研究,嘉惠后学,先后写出了《关于芍陂(安丰塘)始建时期的问题》《鄂君启节续探》《小议书法创新》《草书獭祭篇》《结体、章法举隅》和百余封商讨书法的书信以及部分自撰诗文等。从这些存世的书作、论文和信函中,我们可以看出:先生学贯中西,不仅国学功力深厚,对西学亦能有所汲

取。举凡诸子百家、唐诗宋词、考古、历史、文学、训诂、音韵、美学、地理、水利、经济、教学,广有涉猎,博大精深。

司徒越坚持实事求是的唯物史观,批判地继承传统文化中的思想精华。他认为,"知之为知之,不知为不知,是知也"(《论语》,见《司徒越书法选》五十一页)。他做学问,言必有据;作书,则下笔有由,坚持无一字无来处的治学原则。一九八二年,他为我书写甲骨文条幅"苟日新、日日新、又日新"(《汤盘铭》)。在附信中,特别说明:"字字皆为甲骨文所固有,绝无拼凑假借之嫌。"在和我谈及潘主兰先生所作的《沁园春·长沙》一类的甲骨文长篇巨制时,对于潘先生拼凑假借太滥,而又不于款中注明的做法,他直言不讳地批评说:"真不知潘先生是如何作得的?"

他严于律己,不事张扬,身处逆境,坚韧不拔,是儒家"慎独"思想高标准的实践者。孔子说:"芝兰生于深林,不以无人而不芳;君子修道立德,不谓困穷而改节。"(《孔子家语·在厄》)他的孙子子思在《中庸》中进一步阐发说:"是故君子戒慎乎其所不睹,恐惧乎其所不闻。莫见乎隐,莫显乎微。故君子慎其独也。""慎独"就是要求君子即使是在"困穷"时和别人见闻不到的地方,也要谨慎不苟,坚持操守。先生梅骨兰德,摄人心魄的君子之风,正是他按照儒家的这种"修道立德"的要求,长期修行的结果。一九九五年十月,先生逝世五周年之际,刘夜烽先生亲书"人似梅花清到骨,书犹醇素自成家"的隶书条幅,对先生的一生做了精准的概括。刘老可谓司徒先生"高山流水"之知音也。

先生实事求是,严于律己的治学原则,不仅适用于自己,也适用于他喜爱的学生。一九八八年,我送选全国四届书展的甲骨文联在省里评选时,先生认为"笔画失之于粗,结构失之于平",建议备选。他在给我的来信中说:"你一定会愕然,想:'老师还要压抑学生。'那么,请听我说:你和我的关系是不同于一般泛泛之交的。按照孔子的说法,应该'爱人以德'。我以为要刻意追求的是艺术的价值,而不是什么随风而逝的浮名。你如愿重写,边款可以从简。"并说:"我这次也无作品送展。因为我的字毫无进步!"这种实事求是、严于责己的态度,真是让人心悦诚服,感佩不已。

司徒越这种实事求是的精神集中到一个字上,就是一个"真"字,他做人"真",做事"真",说话"真"。一九八三年,他应约为王业霖书甲骨文联"斗酒纵观廿四史,炉香静对十三行",由于其中的"纵、香、炉、静"四字甲骨文中无,便在款中特别注明:"拼凑成文,古人忌。此联中纵观之纵,炉香之香,即是拼成;又以卢为炉,以金文静字冒充甲骨文,虽情非得已,实荒唐太甚。业霖同志谅之。"他就是这样"真"到不说一句假话,不欺人欺己,即使在"情不得已"的情况下,偶一为之,也要在款中注明,以免以讹传讹。

在对待继承与创新这一重大书法课题上,他一向持辩证发展的态度。他说:"真正的艺术家绝不会墨守成规,故步自封,而是勤于探索,不断创新。"(《小议书法创新》)他批评沈尹默的守成,说:"沈尹老书法功力之深厚原是用不着多说的。但鄙陋如我,从沈尹老的书法上只见二王、魏碑、唐帖以至宋明人的笔札,而不是沈尹老自己的面目。"(一九八五年十一月二十一日《致王业霖信》)他赞扬日本书家手岛右卿:"运用淡墨,书写单字,酣畅淋漓,甚有韵味,虽多数同一技法,变化不大,但其创新精神值得学习。"(引文同上)他自己更是以"苟日新,日日新,又日新"态度,既不重复别人,也不重复自己的丰富创作,实践着自己的创新主张。为了鼓励创新,即使"对于狂怪的书体,也不一定要像宋代黄伯斯那样斥之为'书之下者'。只要不是有意惊世骇俗、哗众取宠,而是探索新的表现方法,应是无可非议的。只是还需要不断研习,求得成熟"(《小议书法创新》)。对于八十年代初期书法创新过程中一些不成熟的探索采取了相当宽容的态度。然而,当一九八八年在全民经商的冲击下,书法界的某些"刻意创新"已经陷入"风格主义"的泥潭时,先生则在给我的来信中尖锐地批评说:"开头的路子就走错了,前途安得不茫然。我们搞书法工作的,最好的也只是匍匐前进,前进得极慢,甚至进一步退两步……极希望你能写出有分量的论文。""提供处方,要有益于'病员',我愿先睹为快。"

在具体的评价一些书家的成败得失时,先生亦是辩证看待的。他不喜欢邓石如的字,"至于为何不喜欢邓的字,似乎只是直觉的,例如对于'推半窗明月……'那样的隶书,我怎么也不敢恭维"。但他接着说:"我以为平心而论,邓的篆隶并非一无足取,但在当时及其后都吹得太过,不能不使我反感。"(一九八七年六月二十四日《致王业霖信》)他曾和我谈到,林散之的草书在当代应属上乘,但同时又指出,与李贺之于唐诗的地位比较,"仅其寒气相略相似耳"(引文同上),真是一语中的之评。

从先生晚年的创作实践看,他更是娴熟地驾驭辩证法的大师。在他的草书创作中,他大量地制造着矛盾冲突,以用笔的重按轻提、映带断离、粗细方圆、长短曲直、颤涩流注,到结体的开合聚散、疏密阔窄、高下修宽、俯仰向背、斜正促展,再到墨色的浓淡干湿、带燥方润,速度的疾驰徐缓、间歇停留,章法的跌宕起伏、挪移揖让,真可谓险象环生,变化万方,而他却能高屋建瓴,驾轻就熟,巧妙安排,把它们有机地融合于一体,使全章"违而不犯、和而不同",让人们在惊心动魄的观赏之后,把玩到"穷变态于毫端,合情调于纸上"的审美愉悦。

司徒越一生经历了新民主主义革命和社会主义革命两个

历史时期。他早年一腔热血,投身抗日救亡运动;中年以后,长期从事教育、文博工作,在他的思想中,既有国学中传统文化的精粹,又是以社会主义思想文化为主体的。这就是我们在研究司徒越书学思想时,从他的思想构成的客观实际出发,所坚持的辩证唯物观。

二、"不平则鸣"是司徒越书学创作思想活的灵魂

先生幼年读私塾,于书法初学颜真卿、柳公权、赵子昂,也学魏碑。中年研习甲骨、金文,造诣颇深,花甲之后,每作草书。以《司徒越书法选》中他自己选发的一百余件作品看,草书竟占了八成左右。这虽然只是一个抽样调查的结果,但基本上反映了先生晚年书法创作的实际情况。原因何在? 就在于先生认为草书最具抒情的功能。他在《草书獭祭篇》中说:"草书反映人的思想感情,十分强烈。"先生中年以后,有二十余年时间受"左倾"路线的打击迫害,他心情压抑、愤懑,又不能作文倾诉,因为诗文太明白了。不便直说,他便选择了草书来尽情抒发。诗人李广嗣有诗赞曰:"郁邑迍邅呼不出,精英化作墨芙蓉。"此二句是最能道出先生草书个中三昧的。"不平则鸣"是唐朝散文大家韩愈的著名文论。韩愈认为,文艺作品产生于作家不平的思想感情,"文穷宜工",作家遭遇坎坷,心中郁闷不平,只有通过自身的强烈感受,才能写出具有真情实感的佳作来。汉代史学家司马迁则有"发愤著书"说。司马迁认为《春秋》《离骚》的作者都是在"意有所郁结,不得通其道"的遭遇下,为"遂其志之思"表达自己愤懑与批判的精神,才"发愤著书"的。古希腊美学家亚里士多德更有文艺作品的"净化说",亚氏在《诗学》第六章关于悲剧的定义中提到:"悲剧激起哀怜和恐惧,从而导致这些情绪的净化。"在《政治学》卷八论音乐的社会功用时又说:"有些人受宗教狂热支配时,一听到宗教的乐调,就卷入迷狂状态,随后安静下来,仿佛受

到了一种治疗和净化。这种情形当然也适用于受哀怜恐惧以及其他类似情绪影响的人。……他们也可以在不同程度上受到音乐的激动,受到净化,因而心里感到一种轻松舒畅的快感。"当代心理学的研究成果表明,人们在社会生活中因遭遇坎坷、困厄,就会产生一些诸如郁闷、忧伤、愤怒、不平、焦虑、恐惧等较强烈的情绪波动,如不及时合理地加以宣泄、排遣,就会形成精神障碍,罹致心理疾患。而"倾诉"就是一种"净化"心境的良方。把忧伤告诉别人,你只承担一半的忧伤;把欢乐告诉别人,你将获得双倍的欢乐。先生运用草书长于抒情的特点,把自己遭遇的误解、不公、郁邑迍邅,物化为"变动犹鬼神,不可端倪"的墨色芙蓉,从而获得了一种轻松的舒畅和"无害的快感",恢复和保持了自己的身心健康。

草书的抒情功能是宽泛、概括和极具包容性的。先生八十年代以后,因再获新生,心情舒畅,迎来了夕阳满天的无限胜景。他"岁晚操觚"抒发的更多的是欢快喜庆、平和安详、从容闲适、爱抚同情等愉悦健康的思想感情。"幸雪十年耻,欣逢四化时","伟业终复继,高歌胜利诗"(司徒越《粉碎'四人帮'·重建政协志禧》)。他的草书创作进入了一生中的巅峰期。他以废寝忘食的辛勤劳作,为社会主义文化事业服务,为喜爱他的书法艺术的人民群众服务,无私奉献,不讲索取,不图回报。"锦上添花易,雪中送炭难。我犹有余热,慷慨献人寰。"他喜不自胜的心情和慷慨作书的神态跃然纸上。这一时期,他的草书创作也就逐渐地由抒发"不平则鸣"的愤懑转而进入"达其性情、形其哀乐"的更全面、更丰富的精神境地。韩愈在《送高闲上人序》中就指出:"时张旭善草书,不识他技。喜怒、窘穷、忧悲、愉悦、怨恨、思慕、酣醉、无聊、不平,有动于心,必于草书焉发之……天地事物之变,可喜可愕,一寓于书。"一九八六年六月二十一日他在和我讨论拙文《论书法艺术的本质属性》中关于《兰亭集序》和《祭侄文稿》的信中就明确指出,二者抒发的是"欢畅的心境"和"悲愤的情怀"两种迥然不同的思想感情。这也就是为什么有人从先生的草书中看到了"阵云密布",又有人从先生的草书中看到了"温文尔雅"的缘故。

时代造就了司徒越,时代也选择了司徒越。没有早年抗日救亡的意气风发,没有中年遭遇不公的郁邑迍邅,就没有"司徒越";同样,没有晚年欣逢盛世的扬眉吐气,枯木逢春,也没有"司徒越"。司徒越之"心"之"书"是特定历史条件的产物,是特定时代的产物。后来学习司徒越草书之形者,没有司徒越之阅历、没有司徒越之"心"是断不会再有司徒越之书的。从形神兼备的意义上说,司徒越草书已成绝响。

三、"神采为上"是司徒越书学评鉴思想的首选标准

司徒越论书,首重"神采"。在我们所见先生已发表的三篇书学论文中,其《草书獭祭篇》就专列一节论"神采"。他在引述了南朝谢赫的画论中关于"气韵生动"和王僧虔《笔意赞》中关于"书之妙道,神采为上",以及唐朝张怀瓘《文字论》中关于"深识书者,惟观神采,不见字形"的论述之后,接着指出:"观赏书法,倒也并非'不见字形',但能够吸引我们的,确乎只是神采,而非字形。"

我国的书学理论早见于东汉赵壹的《非草书》,它是由我国古代文论派生而来的,又成为我国古代文艺理论的一个重要组成部分。早在战国时期,孟子就提出了"以意逆志说"。他主张,阅读诗文不能仅停留在字句的表面意义上,而要由表入里,深入分析作者的思想感情,这样才能准确地把握诗文的要义。这种文论到了清代就衍生出了王士祯的"神韵说"和袁宏道的"性灵说"。神韵说主张"得意忘言""兴会神到";"性灵说"主张抒写胸臆,贵在独创,都是强调思想感情在文艺作品

中的主导地位。司徒越认为:"书法反映作者的心灵、品格、志趣、风貌,绝不会是如形在镜,丝毫不爽。但在某些方面,某种程度上,能够有所反映,也是不能否认的。"他十分赞赏刘熙载在《艺概》中说的一段话,并在他的论文和书作中多次引用,那就是:"书者,如也,如其学,如其才,如其志。总之曰如其人而已。"他进一步阐发这种独具个性特征"神采"时指出:"唐高闲和尚学张旭草书,韩愈问他:'今闲之于草书,有旭之心哉?'进而忠告他:'不得其心,而逐其迹,未见其能旭也'……学张旭的脱帽露顶,大醉狂呼之迹不难,学张旭的'变动犹鬼神,不可端倪'的'心'就难了。"独具个性特征的精神世界是难学的,更无重复之可能,这就是先生为什么反对别人学他的草书之原因所在。

先生论"神采"尤其重视"书卷气"的有机构成。在他的书论和信函中,他多次讨论"书卷气"的问题。一九八二年在给我的一封信中,先生嘱我:"可以多读点诗文。古人说'诗书可以变化气质',气质变了,书卷气也就出来了。"一九八二年十月四日在给王业霖的信中,他又说:"对于书卷气,我是没有给它下定义的本事的。如果拿两幅不同的字来比较,倒是容易看出来的。例如:不以书法名世的茅盾的字和大书法家舒同的字,国学大师章太炎的字和真、草、隶、篆'均为国朝第一'的邓石如的字,谁的匠气,谁的书卷气,是昭然可睹的。"到了《草书獭祭篇》中,先生对于"书卷气"的论述就更加明晰和全面了。他说:"'书卷气'来自于书外功。对于从事书、画创作的人,自古就强调读万卷书,行万里路,以开阔眼界,扩大心胸,丰富知识,加强修养。有了这些修养,不一定能反映在书法上。但没有这些修养,而想在书法上出现书卷气,则是不可能的。"要之,"书卷气"是书家"行万里路",外游以增阅历;"读万卷书",内游以养其气,长期积累,提高修养所形成的学者、文人气质在书作中的能动反映。南朝大文论家刘勰在《文心雕龙》中论述学养与创作的关系时就说:"积学以储宝,酌理以富才。"学问深醇广博,创作时就能"思接千载、视通万里","登山则情满于山,观海则情溢于海"。到了宋代胡铨在《澹庵集》中更有精彩的"风水相遭论",他认为,书文的成功,全靠平日的积累,道大德博很重要。平日积累的学养是"水",创作欲望和创作灵感是"风",风水相遭,便有天下的至文。这真是发前人之未发之经典文论。先生的一些草书精品,通篇弥漫着抒情和浪漫的书卷气,正是他平日道大德博的学养积累与创作时灵感涌现的风水相遭的物化精灵。强调"书卷气"在书作中"神采"表现的突出地位,是司徒越书学评鉴思想中最富个性色彩的鲜明标志。

四、"规矩入巧"是司徒越书学方法论的主体构成

司徒越强调"神采"在书艺欣赏中的主导地位,而在论学书方法时,也给予"规矩"以十分足够的重视。他主张:"论书是神采上……学书则首先要练好形质。"他引用清朝冯班在《钝吟书要》中的观点说:"本领者,将军也,心意者,副将也,本领极要紧,心意附本领而生。"重视本领的作用,先见于庄子的文论。庄子以庖丁解牛的寓言,说明经过长期实践,悉心钻研,本领达到"目无全牛"的神化的境界,才能获得"游刃有余"的成功表现。司徒越进一步指出:

"我们常看到书家的一挥而就,不胜艳美;我们也常以《兰亭集序》《祭侄文稿》为例,来证明情感在书法上所起的作用。但是,没有本领,情感再丰富,也表现不到书法上去的。"德国古典主义美学家康德在《批判力的批判》中指出,天才只存在于艺术领域,而天才的特征则重在审美意象的传达而不在审美意象的形成。他说:"天才不仅见于替某一确定概念找到形象显现,实现原先定下的目的,更重要的是见于能替审美意象

找到表达方式或语言。"(《批判力的批判》第四十九节)把康德的这一美学观点移入中国画论,则可以说,画家不仅要把眼中之竹化为胸中之竹,更重要的是要通过笔墨技巧,把胸中之竹化为画中之竹。没有本领、技法、规矩、功力,不经过一定的物质传达手段,再好的审美意象也只能是海市蜃楼般的虚无缥缈。

书法中的规矩对于楷书、隶书、篆书而言,似乎是比较明确的,而对于草书则似乎不太明确。因此,古今都有误以为草书没有规矩、好学,而任笔为体、信手涂鸦的。他们是把草书之"草"误以为潦草、草率之"草"了。先生对此特于《草书獭祭篇》中列"匆匆不暇草书"和"规矩入巧,乃名神化"两节予以辨析、匡正。他说:"草书绝不是任笔为体,随意挥洒,而是有一定的结体,一定的规律的。……南宋姜夔《续书谱》中说:'古人作草,如今人作真,何尝苟且……张颠、怀素规矩最号野逸而不失此法。'刘熙载也说:'旭素书可谓谨严之极。'"那么,草书的规矩究竟有哪些?先生认为,一是草书的结体,即所谓"草法","草书一字数体,或同体异字,似'无字则'而又'毫厘必辨'"。"两千多年来,草书已形成一定的草法(结体),可以变化(各人有各人的面目)但不能生造,以免混乱",因此,"写篆书要识字,写草书也要识字"。二是要把握草书运笔、结体的特点,即所谓"连、变、移、疾"。他进一步分析说:"草书真正是线条艺术,所以特别适宜于连。""'连'就是笔笔相连,字字相连,甚至首行之字,往往继前行之末。""变""就是笔笔变化,字字变化"。"草书笔画,乍看是线条,细看便见千姿百态,争妍斗奇。""移"就是刘熙载在《艺概》中说的草书之笔画,要无一可移入他书,而他书之笔意,草书却要无所不悟。"疾"就是"高速度","书论中状草书迅疾的很多,而怀素《自叙》中的描写,可谓达到极致……'驰毫骤墨剧奔驷,满座失声看不及'。"

将草书用笔、结体的特点概括为"连、变、移、疾"这四个字,可谓精辟之极。

懂得书法中的规矩,就要勤学苦练,及至达到"入巧"的程度。"巧"在这里当作"精熟"解,也就是冯班《钝吟书要》中说:"本领精熟,则心意自能变化。"在《草书獭祭篇》中,先生如数家珍地列举了历代书家苦练基本功的事实:"张芝临池学书,池水尽墨;钟繇居则画地,卧则画席,入抱犊山十年,木石尽墨;智永登楼不下四十余年;孙过庭自言学书'极虑专精,时逾二纪(二十四年)',还有'乖入木之术',但仍'无间临池之志'。"因此,他语重心长地说:"如果想不经勤学苦练,不要任何规矩,就能从心所欲,直臻神化,那也无异于痴人说梦罢了。"一九八六年和我谈到《兰亭集序》和《祭侄文稿》的抒情特色时,他说:"古今人中有过同样或类似感受的人不知几几,然而同样的书作,却实在少见。原因何在?恐怕只能说主要是功力的问题。"一九八七年在为我书写的草书条幅中,他再次叮嘱:"俗云:书无百日功。盖悠悠之谈也。宜白首攻之,岂可百日乎?"他严于解剖自己,在和我谈到他的书法创作时,他认为自己的章法、结体较好,而用笔上掌握得不是很好。在给王业霖的信中,他也谈到"我的字是力求做到一气呵成。最差的是我的笔法——我指的是笔姿与笔力"(引自《书法之友》一九九三年第六期)。一九八五年六月我受安徽省书法家协会和《书法》杂志编辑部的委托,为先生组织撰写"现代书家"专题,曾在《惟不能同斯大雄》的文稿中指出,先生的草书亦存在"用笔留驻不够,圈眼稍多"的瑕疵。先生看后,对此表示首肯。文章编发时,编辑为避贤者讳,将此二句删去,而先生自己则在后来的创作中做了改进。

如果以才情和功力两部分构成来评价一位书家的创作特色的话,我是倾向于认为先生的书法是属于长于才情的那一类型的。功力不足,可通过后天的勤学苦练得到加强;而才情则更多地取决于天分的高低,是苦练也难以补救的。不少人毕生勤于临池,终老还写得满纸匠气、俗气、江湖气、霸悍气,原因何在?才情不足是也。这就是我们在学习和研究了司徒越的书法创作和书学思想之后所获得的关于才情与功力问题的辩证唯物观。

岁月荏苒,转眼先生已离开我们十二年了。作为新时期先进知识分子的杰出代表,安徽书法界旗帜性、德艺双馨的书法大家,司徒越先生高尚纯净的人格品质,精妙绝伦的书法艺术必将长驻江淮,成为激励我们不断推动社会主义书法事业前进的精神动力。

(原文刊于《书法之友》2002年第7期)

昆曲始祖张野塘

张野塘(生卒年不详),寿州(今安徽寿县)人,明朝著名戏曲音乐家,昆曲音乐创始人之一。善弹三弦,又善唱北曲。

改革昆山腔

明末清初松江府人叶梦珠在《阅世编》中记录道:"……昔兵未起时,中州诸王府,乐府造弦索,渐流江南,其音繁促凄紧,听之哀荡,士大夫雅尚之。……因考弦索之入江南,由戍卒张野塘始。野塘河北人(按:张系安徽寿州人,曾流寓河北),以罪谪发苏州太仓卫,素工弦索。既至吴,时为吴人歌北曲,人皆笑之。昆山魏良辅者(按:当时太仓州已成立,魏流寓太仓南关)善南曲,为吴中国工。一日至太仓,闻野塘歌,心异之,留听三日夜,大称善,遂与野塘定交。时良辅年五十余,有一女,亦善歌,诸贵争求之,良辅不与,至是遂以妻野塘。吴中诸少年闻之,稍稍称弦索矣。野塘既得魏氏,并习南曲,更定弦索音,使与南音相近,并改三弦之式,身稍细而其鼓圆,以文木制之,名曰弦子。"这段记载主要讲述了明嘉靖、隆庆年间,张野塘本是一名戍卒,因犯了罪,被官府发配到苏州太仓,在他乡偶遇知音魏良辅,与其定交,并娶其女魏氏为妻,辅助他成就昆曲大业的故事。

魏良辅(1489—1566),字师召,号此斋,晚年号尚泉、上泉,又号玉峰,新建(今江西南昌)人。嘉靖五年(1526)进士,历官工部、户部主事、刑部员外郎、广西按察司副使。嘉靖三十一年(1552)擢山东左布政使,三年后致仕,流寓于江苏太仓。魏氏为嘉靖年间杰出的戏曲音乐家、戏曲革新家、昆曲(南曲)始祖。因对昆山腔的艺术发展有突出贡献,被后人奉为"昆曲之祖",在曲艺界更有"曲圣"之称,有《南词引正》一书传世。

张野塘,善弹三弦,又善唱北曲。而魏良辅对于作曲和乐器演奏并不擅长。因此,改革乐器、组织乐队的事主要靠"素工弦索"的张野塘。除了张野塘外,还有洞箫名手张梅谷和上百户、琴手杨仲修和赵瞻云、笛师谢林泉、鼓板手包郎郎,以及资深的老曲家过云适等人,他们以昆山腔为基础,吸收弋阳、海盐诸腔的音乐和北曲的唱法,共同协助"曲圣"魏良辅改革昆山腔(又称"水磨腔"),改革后的昆山腔,"细腻水磨,一字数转,清柔婉折,圆润流畅"。在演唱上细腻舒缓,转音若丝;在节奏上采用"赠板",放慢曲调;旋律创作上更讲究曲调与字调的和谐统一。明代戏曲声律家沈宠绥在《度曲须知》中对此赞道:"尽洗乖声,别开堂奥,调用水磨,拍捱冷板……腔曰昆腔,曲名时曲,声场禀为曲圣,后世依为鼻祖,盖自有良辅,而南词音理,已极抽密逞妍矣。"

创江南丝竹

在伴奏方面,张野塘"更定弦索音节,并改三弦之式",在此基础上,组建了一支弦乐、管乐、鼓板配置完备的丝竹乐队,为昆曲伴奏。

据《阅世编》记载,张野塘"更定弦索音……并改三弦之式"后,接着说道:"时王太仓相公方家居,见而善之,命家僮(家乐班)习焉。其后有杨六(太仓乐师杨仲修)者,创为新乐器名为提琴(今苏州戏曲博物馆、江苏省苏昆剧团中尚有),仅两弦,取生丝张小弓贯两弦中,相轧成声,与三弦相上下,提琴既出而三弦之声益柔曼婉畅,为江南名乐焉。"

明万历年间,曾任文渊阁大学士、首辅的太仓王锡爵回归故里,创建家乐班,邀请张野塘和琴手赵瞻云来家乐班授艺,除演唱昆曲(曾首演汤显祖的《牡丹亭》),也单独演奏丝竹乐,遂形成了吴中新乐弦索,即江南丝竹的雏形。

　　昆曲初传于吴中,其后渐播于浙西,流入京师,演于内廷,很快流行全国,成为"风行南北的新剧种,从16世纪中叶至19世纪初叶,统领剧坛达两百五十余年之久"。为昆曲伴奏的丝竹乐队也随之迅速流传,特别是在吴中(即苏南、上海、浙西等吴语地区),形成了一个新的乐种——弦索。据明末宋直方《琐闻录》记载,弦索到万历末年,已和十弗闲(十番锣鼓)一样在吴中盛行了。

　　昆曲是中华民族传统艺术中的瑰宝,在中国戏剧艺术史上占有重要的地位,堪称中国戏曲艺术的集大成者。昆曲亦称昆山腔、昆腔,是明代四大声腔之一。张野塘作为昆曲音乐创始人之一,随着昆曲的广泛流传而被世人所熟知。

【相关链接】

六百年昆曲乘着张野塘的弦音

王继林

　　不看青春版《牡丹亭》不知昆曲之美,不深入昆曲传承,就不了解张野塘的历史贡献。昆曲在2001年被联合国教科文组织列为"人类口述和非物质遗产代表作"。明朝汉族音乐以戏曲音乐为主,陈有觉、高雪峰二人所著的《江南丝竹发源初考》称,明代嘉靖年间张野塘创始的吴中新乐弦索就是江南丝竹的雏形。六百年昆曲,镌刻下张野塘的名字。

　　张野塘,明代寿州人。因其"以罪谪发苏州太仓卫,素工弦索"(一因罪犯,二因优伶之技),在正史中籍籍无名。但提及昆曲,魏良辅见张野塘却是一段佳话。明、清笔记有如下记录,"昆山魏良辅者善南曲,为吴中国工。一日至太仓,闻野塘歌,心异之,留听三日夜,大称善,遂与野塘定交。时良辅年五十余,有一女,亦善歌,诸贵争求之,良辅不与,至是遂以妻野塘"。为什么魏良辅与张野塘一见如故?原来魏良辅主要是戏曲歌唱家,并擅作曲。其不擅长演奏乐器、改革乐器,组织乐队主要依靠"素工弦索"的张野塘。"野塘既得魏氏,并习南曲,更定弦索音,使与南音相近,并改三弦之式,身稍细而其鼓圆,以文木制之,名曰弦子",就这样善北音的张野塘与善南曲的魏良辅历史性的会合,将地方性的声腔——昆山腔升华为影响中国六百年的昆曲。陈、高二人在《江南丝竹发源初考》中进一步地考证道:"弦索之入江南是从张野塘开始的,因他素工弦索,与魏良辅定交娶了魏氏后,并习南曲,更定弦索音节,使与南音相近,组建了一支以弦乐、管乐、鼓板三类乐器合在一起的、规模完整的丝竹乐队。取得了突破性的效果。昆山梁伯龙创作的《浣纱记》粉墨登场,即用新的昆腔演唱、乐队伴奏。"

近看央视热播的于丹访谈《游园惊梦》,备感昆曲的深情、梦幻、悲壮、苍凉、诙谐、灵异之美,但作为寿州人,我似乎从细腻、婉转、清雅的声腔中听出了张野塘的弦音。

(摘自《寿州琐记》:http://blog.sina.com.cn/s/blog_4900d6760102e5a2.html)

川剧大师黄吉安

黄吉安（1836－1924），近代川剧史上的剧作大师。曹吉安名云端，字吉安，晚年又号余僧。清道光十六年（1836）生于安徽寿春，后徙湖北江夏（一说湖北黴县）。年轻时漂泊于外地做幕僚，于1896年随父落籍成都。父黄献璞，曾中武举，在军营里当过差。母刘氏，生三子，黄吉安居长。仲弟黄云隆，号显臣。季弟黄云庆，号锡三。

黄吉安，少时聪明过人，中童子试第三名。喜读书，酷爱戏曲。同治、光绪年间还考过两次秀才，不第。十八岁起入军营帮办文案。二十岁与王氏结婚，无子。五十多岁后抚一子，名甲三，继承宗支。六十岁时妻病逝，为糊口任县衙幕僚，宁肯清贫，不愿浊富。

1866年，黄吉安离开军营，到县衙做幕僚，从此辗转各地县衙达三十余年。在这萍飘无定的漫长岁月里，吉安先生还抽暇研究医理，尤对预防天花、为小儿接种牛痘，积累了不少经验。后来，到璧山县衙当师爷时，终因性情耿介，触犯上司，被解聘辞退。从此他便绝意官场，举家迁成都，并以多年的积蓄在成都羊市街修建了一所房屋，一半自住，一半出租用以维持生活。

其时，成都的戏曲舞台上，川剧、昆腔、高腔等均有演出。他与川剧艺人和票友广泛结交，遂由喜爱川剧进一步掌握了这一戏曲艺术形式。从光绪二十七年（1901）到去世，他潜心于川剧剧本与扬琴唱本创作,短短二十几年时间,共创作川剧剧本《江油关》《柴市节》《闹齐廷》等八十多种和四川扬琴唱本二十多种。这些为川剧艺术宝库留下了一笔珍贵遗产。这些川剧剧本,在清末民初的川剧舞台上广为演唱,深受艺人和观众的喜爱与好评,被誉为"黄本"。相传"时人不轻易增减一字",可见其在川剧艺人中有很高的威望。他创作的《春陵台》《三尽忠》《柴市节》《百宝箱》《闹齐廷》至今还是川剧常演的剧目。四川省戏曲研究所编校的《黄吉安剧本选》于1960年出版,收优秀剧本十八种(内选有《闹齐宫》《闹齐廷》《春陵台》《三伐宋》《九里山》《缇萦救父》《鞭督邮》《衣带诏》《青梅宴》《审吉平》《诛五族》《江油关》《绵竹关》《朱仙镇》《金牌诏》《三尽忠》《柴市节》《百宝箱》)。

　　黄吉安创作的剧本,无论是数量上,还是质量上,都堪称蜀中第一。黄吉安的创作旺盛时期,正是以成都三庆会在悦来茶园创业为标志的近代川剧的形成时期。他本人是当时重要的"川剧改良公会"的主要成员,所以他的创作完全与近代川剧的形成同步,也可以说就是近代川剧形成的标志人物之一。在他的作品里,歌颂民族英雄的剧本占有相当大的数量,如《朱仙镇》写岳飞大破金兵;《三尽忠》讲述张世杰、陆秀夫抗击元兵,相继殉国的故事;《柴市节》写文天祥被囚燕京,三年不降,从容尽节;还有《林则徐》中描述林则徐的英勇事迹等。他歌颂英雄,鞭挞逆贼,表现出强烈的爱憎观念。他在所作《清心歌》中写道:"无恙十八省,有人栖宕谷。世既生管仲,亦必有鲍叔。在唐郭子仪,在宋岳武穆。在汉邓钟华,在明于中肃。才供一代用,何患无颇牧。"这些言论坦直地抒发了他的胸臆。而写得最深刻的仍是揭露封建社会黑暗现实的作品,如《闹齐廷》是根据《东周列国志》中的《晏娥儿逾墙殉节　群公子大闹朝堂》改编而成的。春秋时齐桓公病危,他的如夫人长卫姬等各为其子争太子位,大闹不休。长卫姬与其子无亏筑墙围困齐桓公,并假传诏书。宫女晏娥逾墙报信,齐桓公气愤而死。作品通过这一事件,暴露了封建伦理道德的虚伪,并直接抨击了封建社会的最高统治者。此外,他的剧作还对被压迫与被侮辱的妇女给予了高度的同情和关注,如《百宝箱》中的杜十娘、《桴鼓战》中的梁红玉、《缇萦救父》中的缇萦、《江油关》中的李氏夫人等。光绪二十六年(1900),八国联军进入北京之际,黄吉安撰写《江油关》剧本,主张抵抗,反对投降。剧中有一投降派人物马邈被斩首的情节。有人问他罗贯中都没有斩马邈,你为啥要斩?答曰:"他们不杀,我杀!不然何以辨忠奸,判曲直,明是非,服人心。"

新中国成立后,黄吉安的代表作《柴市节》在北京怀仁堂演出,毛泽东主席看后,对作者和演员都给予高度评价。周总理把黄吉安与元代的关汉卿相提并论,并说"应写黄吉安剧"。

黄吉安是封建社会的中下层知识分子,多年的幕僚生活使他看到当时政治的黑暗,但对旧社会的没落同时怀着伤悼的情绪,有着浓厚的封建思想,这就使得他的作品思想深度受到限制。他虽然配合当时的宣传运动,写了禁止烟毒的《断双枪》、放足的《凌云步》,但对当时的主要斗争,如辛亥革命、保路斗争、"五四"运动等都没有在作品中反映。在一些较成功的作品,如《金牌诏》里也突出了岳飞的愚忠,《闹齐廷》《百宝箱》中也有神鬼报应的迷信色彩。

黄吉安除了在川剧剧本和扬琴唱本方面取得了巨大成就,晚年他还将自己生平写的诗系统地整理成一本诗集——《黄吉安诗集》。这本诗集涵盖了他生平大部分的诗作,它可以说是黄吉安一生际遇和思想历程的真实写照。字里行间,无处不流溢着他报国无门的苦闷和炽热的忧国忧民之情。

《黄吉安诗集》六册中共收录旧体诗八百八十八首,可谓蔚然大观。在排列上不拘泥于创作年代,而大致以诗的体裁归类分册,其分布情况:第一集一百五十一首,为五言排律体;第二集一百二十五首,为五言排律体;第三集三十七首,以七言排律体为主,另有七律、五排、杂言体;第四集一百四十六首,以七绝和七律为主,另有五律、五绝;第五集一百九十七首,以七绝和七律为主,另有七排、五律、五排、五绝、杂言体;第六集二百三十二首,以七绝和七律为主,另有七排、五绝、五律。

黄吉安诗作涉猎的题材也很广泛,天上人间、古往今来、国情家事、都市田园、山光水色、花鸟鱼虫,无不尽收笔底。其中,尤以怀古、感时、即事、咏物的抒情诗最为丰富。例如,一首反映军旅生活的诗《樊城营次·同治五年腊月》:"落雪残更战马忙,陆安营垒又襄阳。庭怜眼底天涯共,枪炮声中笔墨忘。归路由来嗟蜀道,寄身何敢寄沙场。功名莫短男儿幸,我正英年志四方。"既有一股浩然之气,又能做到情景交融,具有古边塞诗的风骨与神韵。又如《牧童遥指杏花村》一诗:"著手成春色,春遥酒亦遥。陇头童子牧,村指杏花飘。野绿耕初暇,林红望欲烧。问他牛背稳,引我马蹄骄。来去城三里,分明路一条。衣同沾雨湿,旗若带星摇。短笛归深巷,轻车抵小桥。醉乡还未醒,有客柳亭招。"虽是借用杜牧诗的意境,但却更富有田园生活的情趣,比之杜诗又有新意。

【相关链接】

黄吉安与《柴市节》

王继林

英雄美名需要传扬,文字、舞台都是传播的媒介。说到唱英雄论名节,又要说到寿州人,那就是大剧作家黄吉安,他的代表作是《柴市节》。

自我来寿州,已经看到或听说"大剧作家"黄吉安。至于黄吉安的具体情况以及剧作家怎么个"大"法,其实我并不清楚。跟张野塘、金克木一样,黄吉安的身世也是一个谜。有关黄吉安在寿州生活的资料已很难找到,有段文字是这样写的:"黄吉安,安徽寿春人,1836年出生,从小聪颖好学,思维敏捷,十八岁时因家中贫寒而辍学,不得不走进军营,当了个文案,从此长年随军辗转。1896年,黄吉安在璧山县(今属重庆市)衙做幕僚,因不愿同流合污而得罪了上司,愤然辞职,在成都羊市街定居下来。"

年届花甲的寿州人黄吉安并没有从此消沉,他洞穿了夜夜笙歌的腐败现实,通过慷慨激越的川剧曲调,将世态炎凉、人情善恶尽情地书写出来,喜剧《柴市节》作为先生的巅峰之作蜚声华夏。1952年,周恩来总理看过《柴市节》后对演员说:"这个戏我看了好几次,很好,文天祥正派,有骨气;梦炎坏在骨子里。"柴市节,字面意思是"柴市口殉节"。南宋末年,文天祥抗元兵败,被囚大都(今北京)三年,元人多次劝降不成,无奈在柴市口(北京西直门)将其处决。南宋降臣留梦炎刑前劝降。文天祥正义凛然,痛斥叛徒嘴脸,从容就义。这样看来,《柴市节》与《桃花扇》在写作背景上极其相似,江山易代,文天祥、史可法等大英雄更显本色。看过《一个王朝的背影》,有人认为傅山是愚忠,却忽略了文人的操守。长远看,人生的意义往往就在生命终结的那一刻方显铮铮铁骨。文天祥被杀后,众百姓高呼:"大家逗钱烧纸,抬起走!"这就是老百姓对大英雄的朴素情感!

黄吉安勤奋、耿直且长寿。活到八十八岁,1924年去世。一生经历了鸦片战争、太平天国、甲午战争、戊戌变法、义和团运动……阅人无数,忠奸能辨,写出巨作《柴市节》也在情理之中。

(摘自《寿州琐记》:http://blog.sina.com.cn/s/blog_4900d6760102e7h6.html)

国画才女孙多慈

孙多慈（1913－1975），又名韵君，安徽寿县人，著名国画家。

孙多慈1913年出身于安徽寿县书香名门之家，她的祖父孙家鼐是清末重臣，历任工、礼、吏、户部尚书和中国首任学务大臣，曾一手创办京师大学堂（北京大学前身）；父亲孙传瑗（养癯）曾参加晚清民主革命，为一代名士，历任孙传芳秘书和国民党安徽省委常委；母亲汤氏也任过女校校长。

孙多慈姐弟三人，她排行老大。其从小就受到良好的家庭教育，文学与绘画都得到很好的熏陶。十七岁毕业于安庆女中。孙多慈自幼酷爱丹青，1930年先考南京中央大学中文系未被录取，于是到中央大学美术系作旁听生。次年7月，便以第一名的成绩正式考取了中央大学美术系，成为徐悲鸿的学生。

1935年，孙多慈毕业于中大。1936年，毕业之初，中华书局就为其出版了第一本画集《孙多慈素描集》。

1949年新中国成立，孙多慈随丈夫前往台湾，任台湾师范大学艺术系主任，后任院长，擅长油画、素描，日益精研绘画，成为知名画家。

1957年5月,参加五月画会。

1975年2月13日,孙多慈患乳腺癌,曾三次飞往美国手术,仍无效,病逝于她的好友吴健雄博士的美国家中,享年63岁。孙多慈与丈夫许绍棣育有两子,但至死仍怀念徐悲鸿。

慈悲之恋

徐悲鸿和孙多慈是彻头彻尾的师生恋。1930年9月,孙多慈在宗白华的介绍下,成了艺术专修科的旁听生。时值著名画家徐悲鸿出任美术系主任,常亲自授课,孙多慈遂成为徐悲鸿的学生。孙多慈初见徐悲鸿,是在徐的画室。这时,孙多慈做梦也不会想到自己会成为徐悲鸿画笔下的模特,并和他发生惊世骇俗的恋情。徐悲鸿很快发现了孙多慈与众不同的才华和悟性,认为如此出众的女学生实不多见,就格外用心培养她。时常在课余约她来画室观摩,并为她个人画像。谁知日子一长,一场艰难而痛苦的"师生恋"就拉开了序幕。据有关资料介绍,徐悲鸿曾为孙、徐二人合绘《台城夜月》图,图中的背景即是玄武湖畔的台城。画中,悲鸿席地而坐,孙多慈则侍立一旁,洁白的纱巾随风飘动。天际一轮明月朗朗,意蕴清幽,师生间情谊跃然画幅之上。在徐悲鸿的南京公馆落成时,孙多慈以学生身份送来枫苗百棵。但徐夫人得知此事后大发雷霆,让人把枫苗全部折断当作柴火烧掉。徐悲鸿面对这种事,痛心无奈之余,遂将此公馆称为"无枫堂",称画室为"无枫堂画室",并刻下"无枫堂"印章一枚作为纪念,钤盖于那一时期的画作上。

在那个年代,文坛艺苑师生恋是特色。暂且不说鲁迅和许广平、沈从文和张兆和,那是修得正果的,没有结局的是徐悲鸿和孙多慈。他们的爱情碰上了对手蒋碧微,一个懂得徐悲鸿心思、知道他弱点的人。徐与蒋,当年他们也曾有过私奔去日本留学的浪漫,而如今婚姻出现了危机。徐悲鸿移情别恋,显然有蒋碧微性格的原因。她虽说是个女子,但一点也不柔弱,遇到事情,冷静、主动,甚至富有心计,从蒋碧微千方百计阻止孙多慈出国留学就可以看出来。而徐悲鸿终究是个艺术家,性子冲动,意气用事。徐悲鸿的心是慈悲的,奈何他无论如何也摆脱不了始乱终弃的争议。

1931年7月,孙多慈以第一名的成绩正式考取了中央大学美术系。在以后的四年里,虽然徐悲鸿很少在南京逗留,但蒋碧微并没有放松对她的攻击,孙多慈只能百般忍耐。然而蒋碧薇越是闹得凶,徐悲鸿越是对她不感兴趣,感情的天平越向孙多慈倾斜。他曾画了一幅《台城夜月》图,把他和孙多慈都画入其中。可惜这幅画被蒋碧微发现了,被她撕成了碎片。在孙多慈完成大学学业时,徐悲鸿原打算带领全班同学赴苏联参观学习,然后趁机送孙一人赴法国深造的,但这一计划最后被破坏。

孙多慈与徐悲鸿的爱情画传出来后,徐、孙二人不得不各奔东西,中间全靠徐的好朋友舒新城来为他们传递信件。他们在信中互诉离别之苦。徐曾绘《燕燕于飞图》赠孙,画面为一古装仕女,满面愁容,仰望着天上飞翔的小燕子出神,上题:"乙亥冬,写燕燕于飞,以遣胸怀。"以此表示对孙依然是一往情深。孙则寄一粒红豆给徐,不着一字。徐见红豆触景生情,即以《红豆三首》为答,其诗中曰:"灿烂朝霞血染红,关山间隔此心同;千言万语从何说,付与灵犀一点通。""耿耿星河月在天,光芒北斗自高悬;几回凝望相思地,风送凄凉到客边。""急雨狂风避不禁,放舟弃棹匿亭阴;剥莲认识中心苦,独自沉沉味苦心。"

抗战爆发后,孙多慈一家辗转流徙到了长沙,徐悲鸿终于得以抽身出来到长沙与孙见面,将孙的全家接到桂林,而且为孙在广西省政府谋到一职,这段时间或许是他们在一起最愉快的口了,他们常常一起去漓江写生,两人均创作了不少作品。几个月后,徐悲鸿在《广西日报》上刊出了一则与蒋碧微脱离同居关系的启事,他们的朋友沈宜申拿着这张报纸去见孙的父亲,想极力促成徐、孙的婚事,谁知孙老先生竟坚决反对,而且带着全家离开了桂林,转往浙江丽水。一向软弱又内向的孙多慈在此关键时刻屈服于父亲,在丽水的一所中学任教。后来,徐悲鸿应邀去印度讲学,一去四五年不归,直到1942年春才回国,而这时的孙多慈,已经人介绍并在其父亲的安排下,认识并嫁给了时任浙江省教育厅厅长的许绍棣。许绍棣那时四十岁上下,正丧偶待续。

徐悲鸿于次年认识了廖静文,后来娶廖静文为妻。徐、廖二人结合后,孙多慈曾在一幅红梅图轴中题写"倚翠竹,总是无言;傲流水,空山自甘寂寞"的词句,表露寂寥伤怀之情。据孙多慈遗留下的日记披露,她内心最爱的人还是徐悲鸿。在她弥留之际,她在挚友吴健雄的手上比划了两个字,这两个字就是"慈悲"。这真是一段让人唏嘘不已的爱情悲剧。

艺术成就

孙多慈在艺术上有自己的追求,20世纪30年代后期已扬名天下了。1936年毕业之初,在徐悲鸿的帮助下,中华书局为其出版了第一本画集《孙多慈素描集》,宗白华先生在序中写道:"落笔有韵,取象不惑,好像生前与造化有约,一经晤面,即能会心于体态意趣之间,不唯观察精确,更能表现有味,是真能以艺术为生命为灵魂者。"徐悲鸿更为她多方奔走,争取公费出国名额,后未成行。在《中华书局收藏近代名人手迹》中所收集的徐悲鸿给当时中华书局负责人舒新城的三十九通书札里,就有一些是记录当年徐悲鸿为孙多慈操作出版画集的经过,也有之后二人相恋之苦及遭受孙多慈父亲极力反对的事情真相。

1936年,在南京第二次全国美术展览会上,孙多慈的油画《石子工》被选入展,并收入《第二次全国美展画选》。1937年11月,在安徽省安庆举办了孙多慈画展,1949年在上海慈淑大楼又举办了个人画展。之后孙多慈随许绍棣迁居台湾,多次在台北、香港举办个人画展。好友苏雪林在文章中写道:"民国三十八年,我自大陆来港,供职香港真理学会,隔壁有个思豪饭店,隔不上三天便有一个书画展览,我常溜出参观。虽然也有几个画展不大像样,但大多数很好。这是我在大陆时所难餍足的眼福,也是流亡生活中意外的奇趣。1950年春间,多慈自台湾来香港,举行画展,也以思豪饭店为会场。这一次她展出国画五十余幅,油画水彩二三十幅,素描十余幅,还有若干幅的书法。我可说这是思豪饭店自有画展以来,最为热闹的一个,整个港九都轰动了,每日来参观者络绎不绝,几乎踏破了饭店的大门;也是最为成功的一个,展出的百余幅作品,除了非卖品以外,都被订购一空。"那时的许绍棣如日中天,成为台湾政坛中举足轻重的人物。在他的荫庇下,孙多慈又前往美国哥伦比亚大学当研究生,后去法国国立美术学院从事研究。回台湾后在台湾师范大学任教授,并于1957年获台湾"教育部"美术类金像奖,受到了极高的评价。

在台期间,她不仅教书育人,也在世界各地游历与讲学。1963年7月,孙多慈应聘为台湾中国文化大学美术系主任,罗家伦请孙多慈为"台湾国史馆"绘制大型历史油画,有《黄兴马上英姿》《黄兴与夫人徐宗汉》《秋瑾》《陈英士》《卢沟桥抗战》等。苏雪林在《孙多慈女士的史迹画及历史人物画》中对她评价极高:"多慈是学西洋画出身的人,对于造型之学,筑有坚实的基础,她每画一名贤之像,必先求前人所作,参伍折中,求得一个比较近似的标准。这比较近似本来是难说的,我们既未及身从古人游,前代画家所作,又大多出于想象,有什标准可以依据?所以她想出一个不画形貌而画灵魂之法。古人的灵魂寄寓于他们自己的作品,熟读他们的作品,则可以想象出他们的音容笑貌,最后神光离合之间,整个法身,倏然涌现,摄之毫端,也许比当面写真,更能肖似,所谓'以神遇,而不以目视,官知止而神欲行',所谓'求之于牝牡骊黄之外'者是也。"苏雪林与孙多慈是安徽老乡,又都是学画出身,只是苏雪林后转攻文学。两人在台湾省立师范学院期间更是同事,画室和书房一北一南,又是邻居,缘分和交情都可谓深矣。她的评价从侧面反映了孙多慈在台湾画坛的地位和作用。

孙多慈作为中国近代史上一位非常重要的女画家,与潘玉良齐名。但潘玉良专攻西画,孙多慈则和他的老师徐悲鸿一样中西兼修,在两种绘画领域纵横游走,挥洒自如,都取得了极高的艺术成就。孙多慈主要艺术作品有《玄武湖春晓》《孙多慈素描集》;1930年素描《瓶汲》、油画《泰国公主》及《石子工》;1934年作品

(孙多慈绘画作品:泰国公主)

《狮》;1961年《孙多慈自画像》《天问》《沉思者》《农作》《妹妹》等。

1953年徐悲鸿去世,孙多慈悲伤之余,绘制了画作《春去》。画面是春寒陡起,山雾萦绕,一个纤细柔弱的女子孤身独坐溪边,看着溪水潺潺流过,落红漂转,一片凄凉之感。

历史学家李则纲先生称其国画"笔法雄峻,气概不凡",称其油画作品"尤其有一种奇人情志的天才"。"到了她的画前,总能教你始而精神怡悦,一见即发快感,继而教你沉思,教你遐想",如同"到了艺术之宫"。

【相关链接】

记画家孙多慈女士

苏雪林

我并不是画家,自来台湾,却交结了许多画家朋友,孙多慈女士也是其中之一。我与多慈虽十余年前便已闻名,建立友谊则是最近一两年内的事。现在请谈谈我和多慈相识的始末。我的文字虽无价值,多慈之画则将来必传,那么这篇小文或可成为将来艺坛上的韵事,我又何乐不为呢?

我是安徽省立第一女子师范卒业的。民国十九年,到安大教书,又回到安庆,母校此时已改为省立第一女子中学了。常听朋友们谈起:母校出了一个聪明学生孙多慈,国文根底甚深,善于写作,尤擅长绘画,所有教师都刮目相看,认为前途远大,不可限量。安庆本来是个斗大的江城,风气僿陋,科举余毒之中于人心者尚深,学校里偶然出了个成绩优越的学生,全城便歆慕欲狂,揄扬不已。想起过去在母校时期的自己,也会被人捧凤凰似的捧了几年,这只足以看出安庆人的眼界太低,并非自己真有什么了不起。今日安庆知识界之捧孙多慈,想亦不过尔尔,所以我当时并没有将这些话放在心上。

民国二十五年夏,我和几个老同学避暑黄山,听说孙多慈女士正由其尊翁陪伴着在黄山写生——那时她正肄业国立中央大学艺术系,将毕业了——游历黄山的同乡颇多,见了面总要提起她,好像整座黄山都响彻了"孙多慈"三个字。我奇怪这个青年画家何以竟这样的声名藉甚,也许她真有点什么,很想识荆一下。一日和那几个朋友到了狮子林——她的寄寓外,同她见了面。她第一次给我的印象很不错:一个青年女学生,二十左右的年纪。白皙细嫩的脸庞,漆黑的双瞳,童式的短发,穿一身工装衣裤,秀美温文,笑时尤甜蜜可爱。我同她似有夙缘，一见便很欢喜，觉得自己若有这样个妹妹，那应该是多么的好！房间里满列着她黄山写生的成绩，都是油画，桌上堆着的只是几张未成的国画山水。我也曾去法国学过画，但只学到炭画半身人像为止，油画半笔也没画过，所以对于油画不敢批评。多慈那时的国画是她老师徐悲鸿一路的，我对悲鸿颇有成见，以为不值得学；并且觉得西画国画截然两道，兼擅二者殆不可能，多慈既是学西画的，专精这一门得了，又何必贪多务博来学什么国画，因之对于她所作的国画也未甚措意。我当时只觉得这青年画家气魄不小，黄山的雄奇幽丽，甲于中国，也是宇内罕见的美景，多少画家诗人到此都要搁笔，而她居然敢把这一座名山的秀色，一一摄于尺幅之内。我避暑黄山月余，所居系在一个陷于深谷之中的庙宇，名字现已不忆，好像是什么掷钵庵吧，地幽势静自是幽静，可惜没法看到云海。到黄山而不看云海，那是多么的煞风景！多慈有一张大油画是写狮子林所见云海之景的，一层层的银涛雪浪，翻腾于三十六峰之间，气势浩瀚之极，景色也变幻之极。后来我写了一篇历史小说，其中曾谈到黄山的云海，多慈这幅画多少曾给我以灵感。

民国三十八年，我自大陆来港，供职香港真理学会，隔壁有个思豪饭店，隔不上三天便有一个书画展览，我常溜出参观。虽然也有几个画展不大像样，但大多数很好。这是我在大陆时所难餍足的眼福，也是流亡生活中意外的奇趣。1950年春间，多慈自台湾来香港，举行画展，也以思豪饭店为会场。这一次她展出国画五十余幅，油画水彩二三十幅，素描十余幅，还有若干幅的书法。我可说这是思豪饭店自有画展以来，最为热闹的一个，整个港九都轰动了，每日来参观者络绎不绝，几乎踏破了饭店的大门；也是最为成功的一个，展出的百余幅作品，除了非卖品以外，都被订购一空。

回忆黄山狮子林的相见，前后相隔已十四年，我们画家的天才已到完全成熟之境。西画造诣固高，国画的笔法也已脱离了她老师的窠臼，而独树一帜，并能作多方面的发展：山水、人物、花卉、翎毛、虫鸟，无一不能；工笔与写意，也兼善其妙。书法摹王右军及怀素《四十二章经》，刚健婀娜，富于神味。动物中她最喜画鹅，有一幅非卖品的《芊芊牧鹅图》乃一小横幅，鹅十余只排队前行，伸颈舒翼，顾盼长鸣，姿态各异，栩栩欲活，其后一小儿挥鞭赶之。芊芊乃画家长子小名，牧鹅大约是当时的一桩实事，图后有画家之父所题小词数首，而由画家手书，家庭乐事，令人欣羡。今日台湾梁鼎铭三兄弟以善画马、羊、猴著名，林玉山善鹤，林中行善猫，多慈之鹅亦称一绝。我常援诗人"郑鹧鸪""崔黄叶"之例，戏呼之为"孙鹅儿"，多慈亦笑受不以为忤。她现在又喜画台湾名卉蝴蝶兰了，我或者会再送她一个美丽的名号"蝶兰"。

多慈听说那时我亦在港，画展完毕后，本想和我一见，不知为什么事耽搁了下来，及我多方探听到她的住处，想去拜访时，则她已返台多时。我深以失去那一晤面的机会为憾。

民国四十一年，我自巴黎回到台湾，应省立师范学院之聘，多慈那时正忙于赴美观光。她在本院第六宿舍楼下有一间画室，学校本派我住楼上，我因不便，托人与多慈相商，暂将这间画室让我，等她回国再迁。蒙她慨然允诺，因来交钥匙，于百忙中尚来访我一次。这回她已不再是黄山时的女学生，而是一个盛名之下的画家了。但她还是那么年轻，那么漂亮，那么甜蜜。光阴和频年战乱的忧患，似乎没有在她身上留下什么痕迹。艺术家烟云供养，善葆天和，每多克享期颐之寿，驻颜亦其自然结果。那些终日追逐声名利禄的人，膏火熬煎，自戕年命，同陆地神仙一般的艺术家比较起来，未免太可怜可笑了。

多慈出国年余，及其归来，我楼上的那间房子已被别的同事搬入,我所许归还画室之语,竟成虚话。她家人口众多,住所逼仄,无处可以作画,但她对我从无怨言。她对待朋友之宽宏厚道,也是天生美德之一端,至足令人感念。现在第六宿舍有同事一家搬出,剩下两间房子,我们向学校当局申请到手,我住了朝南的一间,她以北房为其画室,每天都来作画,杰作源源产生。我本爱画,每天看她挥洒,精神至感愉快,并且愿意跟从她学习,她也乐意收我这个笨拙的弟子。但所恨者我每天杂碎文债,打发不开,虽然有这样一个好艺术家住在对面,荏苒数月,尚未开始画得一笔。何时我才能摆脱这被动的膏火熬煎之苦,而分享点陆地神仙的乐趣呢?说来唯有长叹而已!

多慈本是学西画出身的人,素描称国内第一手。她的西画是纯粹的正统派,赋色沉着,笔法细腻,给人以一种庄严深邃的感觉。游历欧美时,看了不少现代画家作品,她当然不免受了若干感染。在巴黎时她喜去的地方是巴黎印象画派的陈列所。印象派大师莫奈、台卡、雷诺阿的作品,尤为她所心折,常徘徊其下,久不能去。她对毕迦索仅欣赏他某一时期的作风,至于毕氏最近十余年之矜奇吊诡,走入魔道,则为她所深恶。意大利庞贝古城的壁画给她的启示最为重大,这在她前冬返国时对各报记者发表的谈话已经提及,现不赘叙。

她目前作的西画,奔放的笔意,多于矜严的设色,作风显有改变。但她艺术修养相当高深,决不至因步趋时尚,迎合庸俗之故,而走到那卤莽灭裂的道路上去。她以后的路线大约是要以国画空灵的意境,渗入西画质实的造型,而又以西画写生的技巧,补救国画过于象征、脱离现实之弊。似她这样对于国画西画均曾下过功夫,天资又如此高朗,将来一定可以融会中西,产生一种新艺术,为祖国的光荣,供国际的取法。

拉杂写来,不觉写满了六张稿纸,可以向《幼狮》编者交代了。至于读者们或者批评我:所见浮浅,不足以尽这一画家之美;或者骂我:狃于私交,阿其所好,胡乱替人捧场,我一概不管,我只把我所感受于多慈者,如实写出,便于愿已足了。

(文/苏雪林　选自《归鸿集》,出版社:畅流半月刊社,印刷时间:1955年)

名翻译家朱海观

朱海观(1908－1985),回族。名文澜,安徽寿县城关人,著名文学翻译家。

1908年12月10日,朱海观出生于安徽寿县一户知识分子家庭,其父知识渊博,海观幼年时从父就读,对中国古典诗歌产生强烈的兴趣。后入大学,1937年,毕业于金陵大学英文系、历史系。

由于受到新思潮的影响,朱海观在青少年时期就极力反对封建专制主义,渴望改变现状,倡导民主新生活。1937年,抗日战争爆发后,朱海观积极参加青年抗敌会,后又在重庆参加由郭沫若领导的文化工作委员会,并任秘书。在文化工作委员会工作期间,他曾多次冒着生命危险为共产党做事,如帮助共产党秘密传递文件、信件,还帮助他们散发被国民党扣留的革命书刊。其用自己的实际行动证明对祖国的热爱,对民主新生活的渴望,其行为为抗日战争取得最后的胜利做出了重要贡献。

民国三十四年(1945),朱海观参加中苏文化协会。1940年后,历任文化工作委员会秘书,中苏文化协会研究委员会委员兼秘书,苏联塔斯通讯社驻中国总社英文翻译,此后长期从事翻译工作,为宣传正义和进步思想做出了自己的贡献。1956年加入中国作家协会,后任《世界文学》杂志编辑部组长、编委,中国科学院外国文学研究所顾问。

朱海观是我国著名的翻译家,20世纪40年代开始发表翻译作品。主要译著有苏联作家格罗斯曼的长篇小说《不朽的人民》、法捷耶夫等人的《苏联文学论集》、英国记者赖尔夫·派克的《反和平的阴谋》。新中国成立后，译著有苏联作家伊林的《人与自然》、帕乌斯托夫斯基《卡腊·布加日海湾》、波兰作家普鲁斯的《米哈尔科》《回浪》，印度作家安纳德的《克什米尔牧歌》、俄国大作家陀思妥耶夫斯基的长篇小说《罪与罚》、美国作家沃克的《战争风云》、海明威的《老人与海》、《海明威中短篇小说选》等。

1982年10月1日，朱海观和王汶翻译的长篇小说《罪与罚》由人民文学出版社出版。该书一经出版，在我国读者中引起了巨大反响。小说是俄国文学家陀思妥耶夫斯基在穷困潦倒时仓促完成的作品，也正是俄国刚刚废除农奴制后不久，失败的空想社会主义仍在俄国上空自由荡漾的时期。《罪与罚》以一桩刑事案件为题材，叙述一个贫困大学生犯罪及随后所受到的道德与良心上的惩罚。它是一部剖析罪犯内心世界的心理小说，一部震撼灵魂的巨著，是揭露资本主义社会凶残不仁的最强有力的世界文学作品之一。朱海观曾对此小说进行评价："在《罪与罚》这部作品中，我们不只是听到了来自地狱的声音，同时更听到了来自天国的声音，而后者在陀思妥耶夫斯基看来要比前者更为重要……"

朱海观可以说是俄文翻译专家，对俄国文学翻译很有研究，翻译得也很到位。他前期主要致力于俄国文学翻译、研究，晚年主要致力于翻译美国作家海明威的作品。曾有人把张爱玲或余光中当作《老人与海》的最早中译本译者，据考证，中国最早的《老人与海》译者应是已故著名翻译家朱海观先生。他最早在《译文》（今《世界文学》）上发表中译本，译文极为优美、典雅、传神，书出之日，一时洛阳纸贵，蔚为文坛盛事。

朱海观常年患病，后于1985年6月21日医治无效病逝，

享年77岁。他的好友荒芜先生在《挽朱海观同志》一诗中,追忆了他的一生,表达了对他的无限崇敬之情:

(一)

负笈金陵肩并肩,秦淮风月木兰船。
衡文君系斫轮手,我是黄衫最少年。

(二)

联榻共话天官府,正是渝州挨炸时。
行李一肩何所有?田公墨宝郭公诗。

(三)

一发千钧五七年,从而闭口不谈玄。
几回劝我抛诗笔,作个庸人不羡仙。

(四)

酒阑细论海明威,惜墨如金字字玑。
蹴蹴几番难着笔,令人长忆译唐诗。

著名学者金克木

金克木(1912—2000),字止默,笔名辛竹。著名文学家、翻译家、学者,和季羡林、张中行、邓广铭一起被称为"未名四老"。

金克木,祖籍安徽寿县,1912年8月14日出身于江西省一个旧官僚家庭。一生只拿过小学文凭,在安徽寿县第一小学毕业后,读了一年中学,便因家道彻底败落而不得不辍学。为了支撑家庭,他十六岁至十八岁,托人介绍,曾在家乡教小学,养活自己和母亲。在1927年大革命失败的年代,金克木曾参加过共产党外围组织的活动,并为共产党散发过传单。

1930年,刚满十八岁的金克木到北平求学。1932年冬,金克木因经济上难以为继而离开北平,前往山东德县师范教国文。1933年,他带着挣到手的微薄薪水回到北京大学做起课堂上的"无票乘客"。1935年,经友人介绍,在北京大学图书馆得了一个职员的位置,坐在出纳台后,管借书还书。在此期间,自学多国语言,开始翻译和写作。1938年被香港《立报》聘为国际新闻编辑。1939年经友人介绍,到湖南长沙省立桃源女子中学教英文,同时兼任湖南大学法文讲师。1941年,金克木经缅甸到印度,兼任《印度日报》及一家中文报纸的编辑,同时学习印地语与梵语,后又到印度佛教圣地鹿野苑钻研佛学,同时跟随印度著名学者学习梵文和巴利文,走上梵学研究之路。

抗战胜利后不久,他已开始在学术界初露头角,1946年10月27日金克木回国,在上海作短暂停留后,经友人曹来风介绍,应聘任武汉大学哲学系教授,主讲印度哲学史与梵文。

1947年,蒋介石发动的内战越打越大,5月底,全校学生连续三个晚上组织大型时事座谈会,金克木慨然前往,并深受学生欢迎。1947年6月1日凌晨三点,国民党军警近千人突然包围武大珞珈山校园,很多进步师生被抓上囚车,在被捕的五位师长中,首当其冲的就是哲学系的金克木。这一事件激起了全国学界以及社会各界的抗议浪潮,三天后,国民党当局迫于政治与社会压力,不得不释放金克木等人。"六·一惨案"使金克木等五位教授一时成了新闻人物。他在北京与从西南联大毕业的女才子、武汉大学历史系著名教授唐长孺的妹妹唐季雍女士结为伉俪。

1948年7月19日离开武汉大学前往北京大学任教,任北京大学东方语言文学系教授,开始了他长达52年的北京大学教授生涯。金克木曾任中华全国世界语协会理事,中国世界语之友会会员,第三至七届全国政协委员,九三学社第五届至七届常委,宣传部部长。

"文革"前他去北京大学图书馆借书都是拖着小车去拉的,"文革"后体力大不如前,但却始终关心国际学术的最新发展。在国内还少有人提及诠释学和符号学的时候,他已经在撰文介绍,并将它们用于研究中国文化。

20世纪80年代,年近七旬的金克木蹈新踏奇,举凡国际人类文化学的一些新学科,他门门涉足,例如比较文学、信息美学、民俗学、语义学等。他还首倡从域外引进最新的研究方法。

2000年8月5日,金克木因患肺癌在北京逝世,享年八十八岁。其临终遗言:"我是哭着来,笑着走。"

学术成就

金克木在印度文化各个领域的研究中纵横驰骋,称得上是真正懂得印度文化为数极少的人之一。新中国成立以后,他和季羡林一道,培养出新中国第一批梵、巴语学者,中国年青一代的梵语学者们,都曾受惠于金克木。金克木写作的专著《梵语文学史》是学习印度文学的必读课本。他不仅研究印度文化最古老的经典,而且对于印度近现代文化的论述也不落俗套,独具慧眼。金克木论述泰戈尔,不是把泰戈尔与印度文化隔离开来,作为孤立的人来研究,而是把这颗印度文化璀璨的明珠放到印度文明的长河之中,他能真正懂得并欣赏泰戈尔。金克木的《略论甘地在南非早期政治思想》《略论甘地之死》等文章,运用他对印度社会的了解,分析了印度近现代的社会状况,历史、客观地对甘地做出了评述。

金克木有《旧巢痕》《难忘的影子》《天竺旧事》等文学作品,《天竺旧事》把人们带回20世纪40年代的印度,给人们留下了印度文化方面的宝贵资料。据金克木早年的学生回忆:1949年他们进北大学习时,作为梵语教授的金克木却给学生们上政治课,讲辩证唯物主义和历史唯物主义,他还深入地钻研过政治经济学,有的学生至今还能记得金克木当时对资本主义社会主要矛盾所做的深刻阐述。其实不光社会科学,举凡数学、天文、地理、生物等自然科学领域他也广泛涉猎。他很有兴趣地钻研过费尔马大定理等数学问题,他在临终前不久写的一篇文章中就涉及高等数学的问题。他早年即同数学大家华罗庚很谈得来,还曾就具体的数学问题请教过丁石孙,并能从丁石孙的解释中判断出他所擅长的数学研究领域。可见金克木也是文理兼通。

金克木晚年虽出行不便,但他对新思想、新事物的了解和接受程度很深,对社会和时代的变革无不具有了解,对许多社会现象、社会时尚都有评论。金克木临终前还注意到正在进行的人类基因组研究计划,他指出:人类在改造自然、改造世界的过程中出现了很大的麻烦,如不慎重从事,在改造自身的过程中也可能会出现更大的麻烦,但是我已经看不到了。晚年金克木在《读书》等报刊上发表了大量文章,讨论各种学术文化问题,影响很大。

个人著作

金克木先生一生笔耕不辍,三十年代就开始发表作品,留下学术专著三十余种,主要有《梵语文学史》《印度文化论集》《比较文化论集》等等。他的诗文文笔清秀,寓意深刻,有诗集《蝙蝠集》《雨雪集》,小说《旧巢痕》《难忘的影子》,散文随笔集《天竺旧事》《燕口拾泥》《燕啄春泥》《文化猎疑》《书城独白》《无文探隐》《文化的解说》《艺术科学旧谈》《旧学新知集》《圭笔辑》《长短集》等。翻译作品《伐致诃利三百咏》《云使》《通俗天文学》《甘地论》《我的童年》《印度古诗选》《莎维德丽》《流转的星辰》等。

金克木一生淡泊名利,很少谈论自己,也很少接受别人采访。晚年更是深居简出,以著述为本分。但金克木却也平易近人,关心后辈。金克木喜欢聊天,常与后辈交流;金克木始终把读者当作朋友,坚持给读者回信。除此之外,他还拥有一颗童心,对一切新鲜的东西,总是那么好奇,八十五岁学会用电脑写作和传稿即是一例证。北京大学中文系教授陈平原评价道:"像金先生那样博学的长者,并非绝无仅有;但像他那样保持童心，无所顾忌，探索不已的，可就难以寻觅了。以'老顽童'的心态与姿态，挑战各种有形无形的权威——包括难以逾越的学科边界，实在是妙不可言。"

金克木先生是举世罕见的奇才。他精通梵语、巴利语、印地语、乌尔都语、世界语、英语、法语、德语等多种外国语言文字。他曾仅靠一部词典，一本《高卢战纪》，就学会了非常复杂的拉丁文。他的日语也很不错。金克木学贯东西，知兼古今，学术研究涉及诸多领域，他在生前也自称是"杂家"。张汝伦对此评价道："比起历史上的杂家，金克木有过之而无不及。他的学问之杂，前无古人是可以肯定的，后无来者也可以基本断言，除非人类最终能摆脱讲究'专业'的时代。"他除了在梵语文学和印度文化研究上取得了卓越成就外，在中外文化交流史、佛学、美学、比较文学、翻译等方面也颇有建树，为中国学术事业的发展做出了突出贡献。

【相关链接】

寻访金克木

王继林

2009 年，我和高峰先生在寿州城东北寻访金克木的故居，仓巷、小马家巷、大马家巷、东岳庙巷……边走边看边采访周边老住户，大多数人对金克木不甚了了。虽寻访不"遇"，但从那时起，我们对寿县金克木的了解越来越急切。

金克木(1912—2000)，字止默，笔名辛竹，安徽寿县人，和季羡林、张中行、邓广铭一起被称为"未名四老"。2000 年 8 月 5 日，因病在北京逝世，临终遗言："我是哭着来，笑着走。"金克木先生是一本大书，不可以片言只语概述，只能不断地从他的著述中寻找其心路轨迹，而先生似乎有意回避自己的出生地和儿时的环境，在他的文字中，他的出生地江西万载县写成W县,少年时的家乡——寿县写成S县。从访谈和有关书籍的序跋中,我们大致可以得知如下情形:金克木是其父在江西为官时其偏房的江西女子所生,除了生母,他还有一个嫡母(父亲继室),金克木在文章中写道"我有五个母亲",在这个家庭里,生母是江西人,嫡母是安庆人,三个哥哥。大哥是秀才,二哥上过陆军测绘学堂,家里最有学问的是三哥,中学毕业,那时候的中学毕业生相当于"举人"。毕业时家门上会贴上木版印刷的"报捷"。生母文化程度不高,金克木在少年时所受到的教育主要来自嫡母、大嫂和三哥,三哥因学问高被寿县第一小学(位于八蜡庙,老一中东侧)聘为教员,金克木跟着三哥读书,当年的一小校长刚刚从日本留学回国,深恨"二十一条",立志办最好的学堂。

  小学毕业后,金克木受聘于邻县的一所小学堂,这座由土庙改的学校共有五名教员。其中三人毕业于中山大学等名校,他有志于四方的理想大概受同事们的影响。"1930年七月下旬,S县的北城门大桥边,靠河岸有一只小小的带芦席篷的船正要起航",十八岁的他此一走似乎再没有回来。高峰先生从自传体小说《旧巢痕》中窥见金克木不愿提及家乡的理由,或许是身世,或许是飘零,或许是近乡者情更怯。另,是不是与他醉心于梵学有关呢?他在《自撰火化铭》中写道:"咄!臭皮囊,其速朽。"

  (摘自《寿州琐记》http://blog.sina.com.cn/s/blog_4900d6760102e6n5.html)

南宋学者吕祖谦

吕祖谦(1137—1181),字伯恭,寿州(今属寿县)人,因吕姓郡望东莱,世称"东莱先生"。出身官宦世家,隆兴元年(1163),进士及第。南宋著名理学家、教育家。

祖谦自幼随父在福建任所,师从林之奇;至临安,师从汪应辰和胡宪。吕祖谦以祖致仕恩,补为将仕郎,绍兴二十七年(1157),改为迪功郎,孝宗隆兴元年(1163)四月,先考中博学鸿词科,又中进士,特授左从政郎。乾道二年(1166)十一月,其母逝,归葬婺州。

乾道六年(1170),任太学博士,兼国史院编修官、实录院检讨官。乾道八年(1172)二月,其父去世,久居明招山守墓服丧。淳熙三年(1176),因李焘推荐,升任秘书省秘书郎。吕祖谦与朱熹、张栻过从甚密,时称"东南三贤"。其曾与朱熹一同讲学于浙江浦江的月泉书院,论学主"明理居敬",认为"居敬有力,则其所穷者益精;穷理浸明,则其所居者亦有地"。祖谦反对空谈阴阳性命之说,开创"吕学"("婺学"),为金华学派的代表,开"浙东学派"先河。

吕祖谦极力主张抗金,恢复失土。其重视史学,仿司马光《资治通鉴》撰《大事纪》十二卷与《大事纪解题》十二卷,还有《通释》三卷,内容较《通鉴》精简,史称"每条之下各注从某书修云云,以自附于述而不作之义"。可惜祖谦四十岁左右健康转坏,患"萎痹",自言"非药石所能料理"。四十三岁以后,右肢瘫痪,行动不便,未竟其书。

南宋淳熙二年(1175),由吕祖谦邀请,朱熹与陆九渊等人参加的一次学术会议,名之为"鹅湖之会",首开书院会讲之先河;双方"相与讲其所闻之学",陆九渊提出"尧舜之前有何书可读",认为只要"明心见性"即可,致使"朱熹不惬",不欢而散。陈亮尊奉吕祖谦为"道德一世师表"。其淳熙四年(1177)奉宋孝宗之命编辑《宋文鉴》。

淳熙六年(1179)七月二十八日,其第三任妻子芮氏去世。晚年吕氏喜阅读医书。淳熙八年(1181)七月二十九日病故,葬于浙东武义武阳镇明招寺南三百米。岳父韩元吉在吕祖谦死后有诗云:"青云涂路本青毡,圣学相期四十年。台阁久嗟君卧疾,山林今叹我华颠。伤心二女同新穴,拭目诸生续旧编。斗酒无因相沃酹,朔风西望涕潸然。"吕氏著有《左传说》《东莱博议》《历代制度详说》《宋文鉴》等书,又与朱熹合编《近思录》。清初四库馆臣评其成就,"祖谦于史学最长"。

隐逸诗人朱鸿震

朱鸿震（1928—2006），寿县城关人，先父少臣公，讳佩鑫，号丽如，生于1889年，卒于1960年；先母方瑞莲生于1888年，卒于1965年。

朱鸿震，笔名江雨，1928出生于安徽寿县城关书香门第之家，由于家学渊源，以及他个人才智上的聪敏与勤奋，加上幼读私塾时拜在寿州名儒耿仲夷先生的门下（耿仲夷，名耻清，亳州人，客籍寿县，迁寿已三世，家住寿县南门外接官亭附近。曾开粮行，间或经营木头场销售竹木，也教私塾，可谓一位儒商。著有诗集《清意楼集》四卷），少年时期即能写出很出色的旧体诗词。寿县文化界至今很多人都知道，朱老考初中时，就曾在语文试卷空白处即兴写了一首七言律诗：

野桃墙外杂金榛，此日得沾雨露新。
淡白自凝千树雪，小红初绽一枝春。
愧无艳色舒双眼，幸由馨香播四邻。
不遣微风吹落去，东皇毕竟有高人。

此诗深得主考陶枕秋老师的赞许，陶老师仔细阅读此诗，并建议将"此日得沾雨露新"中的"得"改为"欣"才妙，但朱先生不以为然，他认为"欣"不如"得"，一者"欣"与尾字"新"音声重叠，二者从格律上讲也不符合平仄。从这首七言律诗，我们可以看到朱先生对旧体诗词的情有独钟。他一生勤奋无比，笔耕不辍，创作的旧体诗已有三千余篇，词两百多阕，均由手抄，字迹工整清秀，手抄本诗词集已有八卷之多，如《江雨七言律诗手抄》《江雨五言律诗手抄》《朱鸿震诗词集》等。这些诗词篇篇珠矶，句句锦绣，皆为上乘。

新中国成立后，朱先生和许多有志青年一样，满怀革命热情地参加了新中国的建设，先后做过小学教师、县文化馆馆员等工作。不幸的是，"文革"期间，朱先生和其他一些知识分子一样，受到迫害。由于受人诬陷，竟然以莫须有的罪名身陷囹圄，蒙冤近二十载，直到 20 世纪 70 年代后期才得以平反昭雪，落实了有关政策。"文革"的经历有他的诗《风》为证，不堪回首。此后，据说他一直孤身一人，蛰居在县城罐巷口一间不大而又低矮的小屋里。

2006 年，朱先生参加淮南硖石诗词学会。同年 4 月 29 日凌晨三点，先生因心肌梗死与世长辞，享年七十九岁。翻开朱先生的诗集手抄本，欣赏着诗集中那一行行工整、娟秀的竖排行楷小字，品味那一首首遣词优美、工丽典雅、情真意切、意旨高远的诗作，我们隐约听到一位谦虚勤敏、待人谦和、知书达理的诗人向我们诉说着寿州的故事。

现附上朱鸿震的《寿州十景诗》：

淮王丹井

白云深处采灵芝，行踏松花杖履迟。

声价不矜刘世胄，衣冠犹是汉风姿。

清泉汲水霜侵夜，宝鼎烧丹月上时。

仙寿修成人去也，独留姓字与高碑。

珍珠涌泉

卓有襟怀寄五洲，奔腾远结大潮游。

天光倒映烟霞晓，山色平分草木秋。

汉鼎丹空余故事，谢家兵去剩清流。

龙渊地脉连沧海，生长明珠吐不休。

寿阳烟雨

十万人家共起居,金城无恙古今余。
杏花巷陌春烟润,杨柳楼台夜雨虚。
山带云纱青作枕,水含天韵碧成渠。
地灵向是多才俊,代有明珠照五车。

西湖晚照

湖上斜阳潋滟明,片帆远入大寰清。
春风杨柳歌千缕,秋水莲花映古城。
飞鹭低昂双羽健,跃鳞起落一梭轻。
采诗我爱操兰桨,听取菱歌唱晚晴。

茅仙古洞

古洞灵通世外玄,江南昆仲此成仙。
香萦玉尘谈经后,花舞清风落殿前。
高树阴浓晴亦雨,大河秋静水如烟。
游人妙有超凡想,绿野纵留画里缘。

硖石晴岚

崔巍晴色笙烟鬟,千古禹功记此山。
凿石为门驱浪去,开山得路驾舟还。
润涵稻黍盈仓廪,放逐龙蛇下海湾。
造化似偏风景地,钟灵恰在两淮间。

紫金叠翠

翠雨无尘洗万松,紫云开放玉芙蓉。
泉敲细韵鸣只磬,石拱高寒起巨龙。
信口吟来诗竟好,畅游归去步还慵。
乳莓醉倒斜阳里,红补秋光酒样浓。

芍陂安丰

千年芍陂世间闻,汗简长留古策勋。
莲菂有声香坠米,稻花无际绿平云。

舟摇霞影归渔唱，渚落秋光集雁群。
令尹祠堂明镜里，照临天地满斜曛。

车路往还

已去仙车迹未残，雕轮碾处路犹宽。
云飞宝马嘶风劲，月吐明珠照乘寒。
万叠松涛生谷底，九重星座落淮干。
凭高若有驰驱意，广辙凌霄蹈不难。

东津晓月

荒鸡窃恐夜拖长，梦语如歌趁晓忙。
大道中连双界上，石桥满带五更霜。
星垂沃野天沉碧，秋老寒林叶遍黄。
村落无声人未醒，一津斜月影苍苍。

【相关链接】

朱鸿震与朱鸿兰

浮木

朱鸿震"兄姊各二，鸿兰行四"。"大姊鸿秀行三，已于1938年未及成年而病故"。"鸿兰生于1925年8月，病逝于1951年上巳节"（汉族传统节日，俗称三月三）。"1945年8月，鸿兰与本邑刘公少海之三公子德彦君（字景劭，二人同庚）结缡，1950年10月始生一男，名永奎，不幸周岁病死"。从对诗词的兴趣与年龄上来看，朱鸿震无疑与姐姐朱鸿兰感情最笃，从朱鸿震编写的《鸿兰诗残抄》中可以看到，他对姐姐的才情与早逝耿耿于怀。

我早就有点想法，对寿州的人情物态要做一番细致的描写。在《文化诗学的理论和研究》一书中，我看到一篇名为《古代弃妇诗之文化阐释》一文，鸿兰诗现象无涉其中立论。朱鸿兰的诗有着非常健康向上的意义，她的出身并不算高贵，她家在寿州西园略有薄地,父亲以悬壶为业,《鸿兰诗残抄·诗前述略》云:"吾父少成公继承先祖之业,平生以医学为探索,兼有藏书之好。"朱鸿兰嫁到刘家后,与夫婿及刘家翁婆叔嫂关系均好,鸿兰家与邻居关系也甚契,这在她的诗中都有涉及,并不是弃妇诗中的那种凄清怨愤。

慈荫长轩外,群花占四时。
映阶风影活,拂槛露华滋。
香沁天中月,青沾壁上诗。
向来多画本,吾弟绘何迟?

——《景劭倩鸿霞弟画扇吾以诗促之》

从本诗观来,鸿兰与丈夫德彦的关系是好的,景劭公似乎在琴棋书画方面也有相同爱好。

西村柳色夕阳边,别有风光绝可怜。
小浦绿波生夜雨,高粱红穗带秋烟。
邻翁买酒过桥去,牧竖驱羊荷草还。
且向浣衣矶畔钓,乘闲林下荡秋千。

——《赠东邻小姑庆媛》

从本诗看,鸿兰与女伴和邻居关系是融洽的。

其他的如鸿兰对熟师耿仲夷、对父母、对姐姐及对一切事和人都抱有热忱。她的才情并不止于这些生活小事,她对时光、对历史都有感悟,诗作立意很高,我在《寿州的雨》中已经引用过她的词《自度曲》:"我欲惜芳辰,何须促促行。"

从她临摹《玄秘塔碑》和对弟弟学画的鼓励,可以看出来她的心气很高且才华横溢。

蜡炬照高堂,檀烟绕画栋。
一年今夕尽,万家得春长。
稼穑祈丰稔,椿萱祝寿康。
倾城闻爆竹,天地焕奇光。

——《钱岁》

> 细雨帘初放,清灯卷乍开。
> 情游千载去,座上古人来。
> 梦各娜嬛钥,心悬玉镜台。
> 荣枯多少事,何用费疑猜。
>
> ——《灯下读史》

古卷青灯,不是一般人能受得此寂寞的,正因为鸿兰读书破万卷,加之家中藏书颇丰,成就了她下笔千言不竭之力。从朱鸿兰现象分析,我认为寿州的文化深厚得益于寿州家庭传承之功,这些例子还可以援引很多,譬如说金克木,他在《译匠天缘》中说,"不知道小小县城为何有那么多藏书"就是一例,金克木虽然学历不高,但家学深厚,这方面与朱鸿兰是一致的,朱鸿震也如此。

朱鸿兰也不是不事稼穑的大小姐,她对劳动也有自己的体会,她的诗作中对母亲的劬劳也是发自内心的怜惜。

> 白雪非寒品,秋心遍是花。
> 不愁三九到,暖及万人家。
>
> ——《摘棉花述感》

我认为中国有着农耕社会的背景,只有半耕半读的社会体察才能得中国乡土之味。我觉得我们谈论寿州文化离不开寿州乡土,更不能脱离对本土本乡的全面考察。朱鸿兰现象纠正我对寿州观察的幼稚病。在 2009 年 6 月,我突然想来一件事,为什么寿州的花这样让人感触良深,倾城花皆素的原委,我不能了解,《鸿兰诗残抄》一册在手,似乎让我理解了一些,我也更懂得了如何更进一步观察寿州。我在写《寿州花事》的时候,在听喜多郎的《宋家王朝》,算是找到了一些呼应。

(摘自 http://blog.sina.com.cn/s/blog_4900d6760100hy4o.html 寿州文艺·大道百年·寿州诗人朱鸿震)

语言学家邵荣芬

邵荣芬(1922—2015),笔名欣伯,安徽寿县邵家老弯村人。历任中国社会科学院语言研究所助理研究员、副研究员、研究员,是近代赫赫有名的语言学家。

人物生平

邵荣芬1937年进入合肥农林职业学校读初中。是年抗战爆发,学校解散。1938年投奔安徽六安流磻安徽第一临时中学,随校撤退,辗转至湘西,进入国立第八中学初中第四部学习。1940年转至永绥(即现在的花垣县),继续在该校高中第二部学习。1944年高中毕业,考入浙江大学中文系。1948年毕业于浙江大学中文系,免试进入该校中国文学研究所读汉语音韵专业研究生。

1950年夏,邵荣芬研究生毕业,被分配到中国科学院(现为中国社会科学院)语言研究所工作,先后任助理员、助理研究员、副研究员、研究员。此外,邵荣芬曾先后任《中国语文》杂志编委、语言研究所学术委员会委员、中国社会科学院研究生院研究生指导教师、中国社会科学院文学语言学科研究员职称评审委员会委员、中国音韵学研究会副会长、会长、顾问、大百科全书《语言文字卷·音韵学》副主编、《续四库全书·经部》特约编委、《中华大典·语言文字典》编辑部顾问等职。

1992年10月起享受政府特殊津贴。2006年中国社会科学院授予荣誉学部委员称号。2015年7月26日上午在京逝世,享年93岁。7月30日,邵荣芬先生追悼会在八宝山举行。来自中国社会科学院、中国人民大学、首都师范大学等高校及研究机构的二十余位学者参加了追悼会,深切缅怀邵先生的学术贡献。

学术贡献

邵荣芬的学术研究工作大致分为两个阶段:20世纪50年代为第一阶段,研究范围较广,对现代汉语语法、汉语规范化、词汇学、词典学以及方言等多有涉猎。从六十年代起为第二阶段,主要从事汉语音韵学的研究,并做了一些工具书的编审工作,共发表论文、译文、评论等六十余篇。先后出版个人学术专著有《汉语语音史讲话》(天津人民出版社,1979年)、《中原雅音研究》(山东人民出版社,1981年)、《切韵研究》(中国社会科学出版社,1982年)、《经典释文音系》(台北学海出版社,1995年)、《邵荣芬音韵学论集》(首都师范大学出版社,1997年)、《邵荣芬语言学论文集》(商务印书馆,2009年)、《法伟堂经典释文校记遗稿(编校)》(华东师范大学出版社,2010年)、《集韵音系简论》(商务印书馆,2011年)等,共计约一百九十四万字。

此外,邵荣芬还参加了多项合作研究项目。如《现代汉语词典》1978年版的编纂工作,以及应商务印书馆之邀,为修订本《辞源》1979—1983年版,审定注音,并负责《戴震全书·声类表、音韵考》的审定工作。

他还受聘为《中国大百科全书·语言文字卷》中的汉语音韵学部分的副主编,与主编俞敏教授共同审定了音韵学的全部要目,并亲自撰写《切韵》《切韵音》两个要目。这一阶段发表论文二十多篇,大部分已收入《邵荣芬语言学论文集》中。

他还多次参加国内和国际学术活动,先后应邀到河南、江西、上海等地大学讲学,1982年和1985年,分别在北京和泰国曼谷参加了第十五届和第十八届国际汉藏语言学会议。

1989年,他代表内地音韵学研究会与台湾声韵学会负责人及香港学者协商,取得一致意见后,由香港浸会学院出面,于1990年6月在该院召开了主要由海峡两岸及港澳学者参加的中国声韵学国际学术研究会。这次会议打破了海峡两岸音韵学者长期隔绝的状态,使他们有机会直接进行学术交流。在这之后,他又出版了四十万字的《经典释文及切韵研究》一书。

首都师范大学文学院教授冯蒸说:"邵荣芬先生在音韵学的上古音、中古音、近代音等研究领域都做出了重要贡献,其主要贡献在中古音方面。邵先生的两本代表著作《切韵研究》《经典释文音系》在学术界都是跨时代的著作。他经过深入研究,对已有的研究成果做了重要推进。现在几乎所有研究中古音的学者都在邵先生的框架体系内进行研究并发展。"由此可见,语言学家邵荣芬在音韵学领域做出了多么巨大的学术贡献。

【相关链接】

学术自传

邵荣芬

我的研究工作可大致分为前后两期。整个20世纪50年代为前期,主要研究汉语规范化问题。1952年发表了《统一民族语的形成过程》一文,针对当时流行的错误认识,提出了基础方言以和平扩展的方式形成民族共同语的新论点,受到了苏联语言学界的重视,被译载于苏联科学院《语言学问题》上。1953年与陆志韦合作研究外国人地名汉字对译的规范问题,制定了英、俄、德、法四种语言人地名译音统一标准方案(中国科学院内部印本),对汉语译名规范做了有史以来的首次尝试。1956年为贯彻执行国务院编好以确定词汇的规范为目的的中型现代汉语词典的指示精神，与郑奠等合作撰写了《中型现代汉语词典编纂法》，为《现代汉语词典》的编纂做了方法和理论上的准备。我撰写其中《释义》一章，用现代语言学的观点，对词典中词的使用范围、同义词的分析、词义的解释以及引例等问题，提出了五十多条处理意见，为汉语词典的现代化做出了贡献，对研究词汇和词典学也有很好的参考价值。我还先后参加了约两年半的《现代汉语词典》的审查修改工作。

从60年代起，我主要投入汉语音韵学的研究，发表了一系列论著。内容涵盖了语音史的各个重要历史时期。下面依次介绍其主要部分。

《汉语语音史讲话》一书是音韵学普及读本。由于音韵学文献往往晦涩难懂，致音韵学向有绝学之称。为此一本通俗易懂的音韵学读物就必不可少了。因此我撰写了该书，深入浅出地介绍了音韵学的内容、概念、研究方法等，出版后深受读者欢迎。

《试论上古音中的常船两声母》一文统计分析了谐声、读若和汉代的异文通假，得出了两点结论：上古常船两母分立；常船位置互倒，常是塞擦音，船是擦音。《匣母字上古一分为二试析》和《匣母字上古一分为二再证》两文根据谐声、读若、异文、通假、现代方言、梵汉对音等论证了匣母字跟K类相通的为匣1类，与群母通读g，跟云母或非K类相通的为匣两类，与云母同读。认为此说可以避免诸家学说的各种弊端。《上古阳声韵若干字的归部问题》一文认为"允声、丰声"当归冬部，"黾声、蝇声"当归阳部，"夐声、虔声、免声"当归元部，"萬声"当分归元部、文部，"令声"当归真部，"西声、亚声、廌声"当归文部，"衔声"当归谈部。

《古韵鱼侯两部在前汉时期的分合》和《古韵鱼侯两部在后汉时期的演变》两文认为罗常培、周祖谟提出的两汉鱼侯两部不分的主张,李方桂因而据以断言中古的语音系统不能从汉代的标准语求得的说法都是错误的。前篇首先指出鱼侯合韵的比例很低,并未超出韵部划分的一般限度,而且鱼部与歌部通押,侯部绝不与歌部相通。这都证明前汉鱼侯并未合并。后篇发现后汉鱼侯通押较多是由侯部的虞韵字与鱼部通押较多造成的。如把侯部的虞韵字改归鱼部,则鱼侯通押大减,鱼侯分立就极为明显。后汉鱼侯分立,也进一步证明了前汉鱼侯合并的不可能。此两文否定了汉代鱼侯合并的错误学说,解决了上古到中古语音发展上的一个本不存在的难题。《古韵幽宵两部在后汉时期的演变》一文分析了后汉的押韵资料,发现幽部的效摄字多通宵部,流摄字多通侯部,说明后汉,尤其是王充以后,古幽、宵、侯三部已变成了中古流、效两摄的格局。

《陈第对古韵的分部和韵值的假定》一文根据陈第在《毛诗古音考》《屈宋古音义》等书中对古韵字所假定的读音,用系联法加以归纳,考出他心目中的古韵分为三十五部,不计声调为十七部。从而对陈第古音学的得失能够做出迄今最为全面和深入的评价。

《〈切韵〉音系的性质和它在汉语语音史上的地位》一文提出了《切韵》音系大体上是一个以洛阳话为基础的活方言音系,只是部分地集中了一些方音特点的论点。在当时音韵学界引起了热烈的争论。《〈晋书音义〉反切的语音系统》一文发现反映8世纪洛阳音何超反切系统俟母独立,可以说是与《切韵》相合的唯一音系,从而又为上述论点提供了一个有力证据。

《〈切韵〉研究》一书主要论述了五个方面的问题。一是对

《切韵》音系的性质做了进一步的论证。二是对我国学者对高本汉论点的一些重要修正表示支持,并做了进一步的论证。如全浊声母不送气,j化说的不合理,纯四等没有i介音等。三是对前人已经做了论述,但还不够透彻的一些问题做了进一步的论证。如唇音不分开合,俟母的独立,常船的地位韵图误倒,幽韵的性质,严凡的互补等。四是对某些被否定的传统说法,做了深入论证,认为符合史实,不应否定。如泥娘的分立,调值的四分等。五是对一些问题提出了自己的新看法。如重组韵字的归类,重组的音值,庚三等的性质,一些韵母音值的假定等。本书在集成中有所创新,把对《切韵》的研究向前推进了一步。

《〈经典释文〉音系》一书认为王力把《释文》反切看作一个统一的音系是错误的。指出陆德明具有标准音概念,应当把他所引录的前人的反切区别对待。该书根据甄别出来的陆氏标准音反切,用系联法和反切比较法考明了作为当时江南读音的陆德明音系。发现陆氏音系与《切韵》音系在声、韵母方面都有很大的不同。因而提出六七世纪间存在两个标准音的主张。跟以洛阳话为基础的北《切韵》相对,元朗音系不妨叫作南《切韵》。南北标准音的说法对理顺汉语音韵的方言差异具有重要意义。

《说法伟堂经典释文校记遗稿》一文指出了法氏根据"校正字音""辨明音类""以等韵正切""以规避规则正切""以古音正切"等五个方面校正了《释文》音切。既可以补清人的不足,也可以给今人以启发。

《〈切韵〉尤韵和东三等韵唇音声母字的演变》一文根据《经典释文》《博雅音》及颜师古《汉书注》、玄应《一切经音义》等反切,认为尤韵和东三等明母字所以未变轻唇,是因为在变化之前它们已经失去了i介音,变入一等,从而使唇音轻化规律对之不起作用的缘故。《〈五经文字〉的直音和反切》一文一方面揭示了 8 世纪中叶长安一带音变的一些重要特点,如唇音已经轻化,三四等开始混并等等;另一方面在研究方法上也有所创新,提出了反切比较法,并为之确立了一套基本原则。此法是研究散见反切的有效方法,可以补充系联法的不足。《敦煌俗文学中的别字异文和唐五代西北方音》一文根据敦煌俗文学中的别字异文考证出唐五代西北方音的许多特点,是对罗常培《唐五代西北方音》一书的更正和补充。多年来受到国内外语言学界的普遍重视。

《〈集韵〉音系简论》一书首先讨论了众多的重出小韵,认为它们除了重组和少数因音变导致重出的以外,一般均不表示语音上有不同。然后对《集韵》的声韵母重新做了考定。认为白涤洲让喻三独立,在反切上找不到证据,常船虽混,但是否合一,也在疑似之间。韵母方面,发现只有魂歌两韵舌齿的开合大概已变同今音,其他有些韵之间虽偶有混切,但多为孤例,不足以定其并合。于此可见《集韵》的守旧态度。不过从反切上下字的搭配关系上,无意中透露出当时二等开口和四等的见系字大概已经腭化的消息。文章末节为《音节表》。据多种版本和校记做了校刊,比较可靠。

《〈中原音韵〉音系的几个问题》一文论证了三个问题。第一,论证了《中原》唇音开合不对立,韵表中可以一律置开口,各家置开置合混乱,应该纠正。第二,论证了江阳韵中古阳韵知章组字当做 tʃian 等,古阳韵庄组字及古江韵知庄组字当做 tʃaŋ 等。又论证了东钟韵中 tʃ 等当拼洪音,即 uŋ 韵。论证了萧豪韵有 ɑu、au、iau、uau 四个韵母。

《中原雅音研究》一书主要根据章黼《韵学集成》所引述的《中原雅音》注音资料,通过考证和构拟,使失传已久的《中原雅音》音系基本上得到了还原。作者认为《中原雅音》是 1398—1460 年间的产物，其基础方言大致是河北井陉一带的方言。音系具有很多历史上前所未见的语音特点，如只有三个声调，影疑母字失声母后，在一定条件下，增生了ⁿ声母等等。从而能为进一步弄清近代北方语音发展的脉络提供了一些重要线索。

《吴棫〈韵补〉和宋代闽北建瓯方言》一文根据吴氏用《集韵》反切为其所定古音注音时往往掺入他自己的乡音，即建瓯方音这一事实，考证了建瓯方音的声母系统，发现今日闽北十五音的雏形远在12世纪中叶即已在建瓯地区大致形成。这无疑是一个重要的发现。又根据吴氏的警况注音和对古今音的比较和描述，考证出建瓯方音韵母和声调的一些特点。韵母如止摄开口精庄两组声母字的韵母读近鱼虞两韵的韵母，止摄开口其他声母的韵母读近齐韵开口的韵母；梗摄二等读同或读近先韵；—n－ŋ尾不分；泰合口和队韵合一；祭开口和志韵不分等等。声调如有阴、阳去和阴、阳入、浊上变入浊去等，这都与今日建瓯话相合。唯有阳平是否像今日建瓯话并入了上声，则不得而知。

《明代末年福州话的声母系统》和《明代末年福州话的韵母和声调系统》两文根据陈第用其家乡福州话为其所定古音注音的材料，考证了当时福州话的声韵调系统，发现除了韵母系统跟今日福州话尚有区别外，声母和声调都已跟今日福州话基本相同。

《〈康熙字典〉注音中的时音反映》一文(分两次发表)根据《字典》注音中直音和反切的不一致，考证出18世纪官话的声韵调系统。除系声母的出现不太能确定外，其余跟今日普通话已无区别。《〈韵法横图〉与明末南京方音》一文发现《韵法直图》有抄袭《横图》之处，从而跟一般的看法相反，认为《横图》成书在《直图》之前。文章根据《横图》的韵表和表注，考出了当时的南京音系。声调五个，全同今日南京话。声母二十一个,跟今日南京话的主要不同只是在于明母仍是v、n与l不混,系声母还未出现。韵母与今日南京话的差别略多一些,如—n还未鼻化,uon(官)与uan(关)仍有区别等。《释〈韵法直图〉》一文进一步论证了《直图》后出问题,并考出了它的音系。

《陆志韦》一文,对陆志韦的治学方法和学术成就做了详细的评述。《我和音韵学研究》一文谈了作者多年研究音韵学的一些体会。

以上是我研究音韵学的主要论著。提出了一系列新见解,为建立科学的汉语语音史提供依据做出了贡献。或曰:你研究音韵学多年,有什么捷径没有?答曰:捷径似乎不多,笨办法也许有一个,这就是朝于斯,暮于斯,书不离口,笔不离手。如斯而已。

(摘自:http://cass.cssn.cn/xuebuweiyuan/rongyuxuebuweiyuan/srf/中国社会科学网)

参考文献:

[1][苏]B.B.比留科夫,E.C.格列尔.人文科学的控制论[M].莫斯科,1973.

[2][苏]M.C.—长岗.作为系统的艺术文化[M].杭州:浙江人民出版社,1987.

[3]康尔.对艺术文化研究的追问与思考[J].南京艺术学院学报(美术与设计版),2009(6).

[4]张树侯.自撰小传[M].上海:上海古籍出版社,1980.

[5]寿县名宿张树侯先生逝世[J].学风,第5卷,1935.

[6]安徽省委员会文史资料研究委员会编.安徽文史资料:第五辑[Z].合肥:安徽人民出版社,1983.

[7]王继林.市井随笔[M].合肥:安徽人民出版社,2009.

[8]顾笃璜.昆剧史补论[M].南京:江苏古籍出版社,1987.

[9]吴钊,刘乐升.中国音乐史略[M].北京:人民音乐出版社,1993.

[10]方敦寿.锦绣安徽·八公山下[M].合肥:安徽教育出版社,1999.

[11]时洪平.人物英华[M].合肥:安徽人民出版社,2009.

第四章 诗词名家与寿县旅游文化

第四章　诗词名家与寿县旅游文化

美国密执安大学的两位教授罗伯特·W.麦金托什和夏希肯特·格波特于1980年在《旅游学——要素、实践、基本原理》这本著作中,首次提出"旅游文化"这一概念。两位学者认为,"'旅游文化'囊括旅游的各个方面,包括食、住、行、游、购、娱,包括围绕旅游活动所发生的所有关系和现象,通过旅游文化可以了解目的地居民的生活和思想"。因此,"'旅游文化'是在吸引和接待游客与来访者的过程中,游客、旅游设施、东道国政府和接待团体的相互影响所产生的现象与关系的总和"。国外学者从各个角度和侧面分析旅游文化现象,对旅游文化概念的研究主要以旅游过程中主客"碰撞"而产生的各种文化现象分析为基础,强调旅游者的跨文化交际活动,突出旅游文化概念的动态特征。

在中国,最早提出"旅游文化"一说的著作是1984年出版的《中国大百科全书·人文地理学》,施正一把"旅游文化"条目编入其中,书中提道:"旅游与文化有着不可分割的关系,旅游本身就是一种大规模的文化交流,从原始文化到现代文化都可以成为吸引游客的因素。游客不仅吸取游览地的文化,同时也把所在国的文化带到了游览地,使地区间的文化差别日益缩小。绘画、雕刻、摄影、工艺作品,是游人乐于观赏的项目,戏剧、舞蹈、音乐、电影又是安排旅游者夜晚生活的节目,诗词、散文、游记、神话、传说、故事,又可将旅游景物描绘得栩栩如生。"随后,冯乃康的《会议纪要》将于1991年10月召开的《首届中国旅游文化学术研讨会》上对旅游文化的定义概括为三种表述方式:第一,旅游文化是人类过去和现在所创造的与旅游有关的物质财富和精神财富的总和；第二，旅游文化是旅游主体、旅游客体和旅游媒体相互作用所产生的物质和精神成果；第三，旅游文化是以一般文化的内在价值因素为依据，以旅游诸要素为依托，作用于旅游生活过程中的一种特殊文化形态。

本章中的旅游文化采用赵荣光、夏太生对旅游文化的定义："旅游文化是旅游活动中的主体、客体、媒体在旅游产品的生产和消费活动的全过程中的所固有或形成的物质文化、精神文化和行为文化及其相互作用关系的总和。"

作为安徽省四座国家级历史文化名城（安庆、亳州、歙县、寿县）之一，寿县正以其独特的旅游文化魅力，吸引着海内外宾客热情关注的目光。寿县旅游资源丰富，全面宣传和推广其旅游产品，进一步推进其旅游与文化的融合，展示寿州历史文化的魅力，以造福于寿县人民，是当地政府已经和正在大力实施的一项文化工程。

本章主要记载寿县本籍及外籍的各级官员、各地文人墨客和游子名士登临寿州的歌咏唱和，通过对众多诗词名家的诗词歌赋及联语的阐释，以及对寿县美好的自然风光、旅游景点的介绍，引起大家对寿县旅游文化的浓厚兴趣，同时也为寿县当地的旅游文化产业发展和文化扶贫工作开展提供一定的支撑。

楚都寿县是一座充满深厚历史文化积淀的文化古城，悠悠岁月，漫漫时光，历史留给它的不仅是沧海桑田的变迁，也是众多珍贵的旅游文化资源的集聚。寿县古城及其周围分布了许多著名的风景点，有八公仙境、珍珠泉涌、茅仙古洞、硖石晴岚等寿州八景。明朝嘉靖年间的《寿州志》上便有"寿阳八景"的记载。更有清人诗歌概括此八处景点："紫金叠翠看秋枫，硖石晴岚对峙雄。古洞三茅留胜迹，八公仙境乐无穷。东津晓月晨多趣,西望湖光晚照红。串串珍珠泉水涌,寿阳烟雨似琼宫。"寥寥数语,就把寿县每一处景观的特色勾勒出来了。

寿县特有的自然与人文旅游资源吸引了历代众多文人墨客、诗词名家,或咏怀抒情,或流连歌咏。他们中既有唐宋名流俊才如李白、刘禹锡、欧阳修、王安石、苏轼等人留下珍品佳句,更有明清以来寿州当地的才子、名士如刘之治、孙元珬、孙毓筠、孙家鼐等留下神韵古风。文人墨客们游踪所至,目有所见,心有所感,遂留下一篇篇即景抒情、感物咏怀的诗词佳作、对联妙语。他们所歌咏的具体对象不仅有寿县的山水风光,还有寿县的名胜古迹和历史人文。

历代诗词名家关于寿县旅游景点的作品大多短小精悍、朗朗上口、贴切自然、易于记诵。历代名士们尽情地表现了他们卓尔不群的诗才和自由洒脱的个性,以缤纷多彩的艺术样式再现了寿县的自然美和人文美,对寿县的各处景点起到了渲染、美化的作用,大大丰富了寿县旅游文化的内涵。这属于寿县旅游文化艺术精品的一部分,也是满蕴着人文精神的一部分,对于推动寿县旅游业的快速发展有很好的帮助作用。

本章试图以"寿阳八景"为轴线,串联出历代文人才子、诗词名家对寿阳旅游景观和旅游文化的歌咏,这其中主要包括歌咏八公仙境、珍珠涌泉、茅仙古洞、硖石晴岚、西湖晚照、紫金叠翠、东津晓月、寿阳烟雨的诗词篇章和对联佳作。

峻极之山　蓄圣表仙
——诗词名家歌咏八公仙境

八公山是寿县北郊一处著名的风景名胜,为国家4A级风景区,其有大小山峰近三百个。这座山,古时候并没有一个确定的名称。曾因淮河绕山而过,名曰"淮山";又曾因在东淝河之阳,因而名叫"肥陵山";也曾因在楚都之地,故名"楚山";还因山在古寿春城之北而名"寿春山""北山"。后来,人们依据西汉淮南王刘安及其门客八公在此地修道成仙的故事,才将它定名为"八公山"。

《水经注》《太平寰宇记》和地方志书记载:西汉淮南王刘安,都寿春,笃好神仙密法,招宾客方术之士数千人,以

求长生不老之术。有苏菲、李尚、左吴、伍被、田由、毛被、雷被、晋昌等八公常与刘安登山修道、炼丹。相传刘安服了丹药后与八公飘然升天;剩余的药被鸡犬食之,也随后升天。所谓"一人得道,鸡犬升天",即由此而来。于是,八公仙山也声名远播。

八公山景色秀丽,"八公仙境"被列为寿阳八景之一。其名胜古迹星罗棋布:有淮南王墓、廉颇墓、涌泉庵、淮王丹井、珍珠泉、吕蒙正寒窑、峡山口、刘金定梳妆台、茅仙洞、石门潭、十八连珠寨等。八公山之所以闻名遐迩,还因为这里曾经是以少胜多的淝水之战的古战场,这里有苻坚的"惊马坡"、晋军抢渡的"东津渡"渡口。"风声鹤唳""草木皆兵""投鞭断流"

"围棋赌墅"等成语典故就源出于此。至此,八公山的名声更是传遍五湖四海。

八公仙山,南参差而望越,北迤逦而怀燕。层岩回互,云聚翠岫,藏雾含阳,万千气象。南崖松声总是清心耳,北壁瀑落可以涤尘俗。岩壑闲远,水木清华。取东谷甘泉,煮西麓香茗,拂花弄琴,物我两忘。放浪其间,如临太虚妙境。

八公山风光优美,自然资源丰富,文物胜迹罗布其间,散溢着浓厚的人文气息。江山也要伟人扶,八公山还是一座护卫英灵的山,历代名士均有题咏,最著名的有南朝文人谢朓、吴均;唐朝诗人李白、胡曾;北宋诗人王安石、苏轼;明代诗人郑源彩、汪广洋等。其歌咏作品简析如下:

和王著作融八公山情

(南朝·齐)谢朓

二别阻汉坻,双崤望河澳。
兹岭复巀巀,分区奠淮服。
东限琅琊台,西距孟诸陆。
阡眠起杂树,檀栾荫修竹。
日隐涧凝空,云聚岫如复。
出没眺楼雉,远近送春目。
戎州昔乱华,素景沦伊谷。
阽危赖宗衮,微管寄明牧。
长蛇固能翦,奔鲸自此曝。
道峻芳尘流,业遥年运倏。
平生仰令图,吁嗟命不淑。
浩荡别亲知,连翩戒征轴。
再远馆娃宫,两去河阳谷。
风烟四时犯,霜雨朝夜沐。
春秀良已凋,秋场庶能筑。

谢朓(464—499),南朝齐诗人,字玄晖,陈郡阳夏(今河南太康县)人。以山水诗著称,诗歌风格清俊,后世将其与南朝宋同族诗人谢灵运对举,称为"小谢"。曾任宣城太守、吏部尚书郎等职。后被萧遥光诬陷,死于狱中。

这是作者写给好友王融的一首会友诗。王融,字元长,南朝宋中书舍人王僧达之孙。王融少时聪慧,博学多才,宋武帝时任秘书丞,历中书郎。后死于狱中。

此诗较长,为五言古体诗,由于作者对东晋的版图有所了解,故该诗开篇意境驰骋、范围广阔,写出了淮河以外,但同属东晋的山水景观。"大别山、小别山阻隔汉水中的土滩,东崤山、西崤山观望黄河边的土滩。八公山山峰峻锐,独立于淮河流域。向东可以走到琅琊台(琅琊台在山东胶南县),往西可以走到孟诸(孟诸在河南商丘)"。这也显示八公山所处的地理位置险要。

接下去从"阡眠起杂树"到"远近送春目"六句写八公山草木茂盛、风光秀丽、云聚如复。"淝河的东南地区长出许多杂七杂八的树,檀树、栾树与挺拔的青竹相映成荫。阳光时时在山涧的流水上闪烁,云朵在山峦之上开合聚散。出来远望城墙,远方及近处的人以目送春,寓含一片春色"。

中间六句,从"戎州昔乱华"到"奔鲸自此曝"止,热情赞颂先辈在淝水之战中的光辉业绩,表露自己也有先辈那样北吞强敌、统一中原的意愿,这是诗的要旨。"苻坚侵犯东晋,致使东晋失去了伊水、谷水地区。面临危亡全靠祖宗保佑,把扶危救亡的希望寄托在有能力的地方官员身上。"后十二句作者感慨道路艰难,红尘滚滚,自己命运不善,不能为国建功立业,并且华年已逝,将告归农圃。

全诗结构完整,用典颇多,而且句式对仗工整、声律协调。此外,情思纤细绵密,在旷达中含伤感,景与情结合,显得特别有韵味。

八公山赋

（南朝·梁）吴均

峻极之山，蓄圣表仙，南参差而望越，北逦迤而怀燕。尔其盘桓基固，含阳藏雾，绝壁崄虚，层岩回互，桂皎月而常团，云望空而自布，袖以华阆，带以潜淮；文星乱石，藻日流阶。若夫神基巨镇，卓荦荆河；箕风毕雨，育岭生峨。高岑直兮蔽景，修坂出兮架天，似迎云而就日，若从汉而回山。露泫叶而原净，花照矶而岫鲜。促嶂万寻，平崖亿绝，上被紫而烟生，傍带花而来雪，维英王兮好仙，会八公兮小山，驾飞龙兮翩翩，高驰翔兮冲天。

吴均（469—520），字叔庠，吴兴故鄣（今浙江安吉县）人。吴均出身于贫寒家庭，性格耿直，仕途上很不得意。他勤奋好学，很有才华。著有《十二州记》《钱唐先贤传》《齐春秋》《庙记》和小说《续齐谐记》等书。曾为《后汉书》作注，撰《通史》未就而卒。《梁书·吴均传》说他"文体清拔有古气"，在当时颇有影响，时称"吴均体"。其诗今存一百四十余首，多为友人赠答、赠别之作。他的诗音韵和谐，风格清丽，属于典型的齐梁风格；但语言明畅，用典贴切，无堆砌之弊。他提倡"骈体文"，好学有俊才，其诗文深受沈约的称赞。官至奉朝请。

《八公山赋》是较早吟咏淮南王刘安和八公的文学作品。吴均的这篇赋意奇语奇，给人以雄浑壮美之感。首句统领全文，极写八公山之峻、八公人之奇，为全诗奠定了基调。次句用质朴苍老的笔法，点明了八公山在中国版图的位置，写得空灵而广阔。第三句开始换韵，"袖以华阆，带以潜淮"写其地势之险要。然后写风、写雨、写露、写花、写烟、写雪，极陈八公山景色的另一方面：秀美独绝。最后诗人抑制不住激动的心绪，自然而然抒发向往之情，点明主旨——"维英王兮好仙，会八公兮小山,驾飞龙兮翩翩,高驰翔兮冲天"。以歌谣体歌颂了淮南王刘安及其门客八公。

此赋语言清新优美,文字简练利落;文章条理分明,表现角度多样;写景状物生动逼真,抓住特征寓情于景。文中所绘景致优美,意境悠远,调动了多种感官感受,读来使人如临其境,令人悠然神往。文中句式齐整,以四言为主,多用工整的对偶,又间以六言,使文句整饬匀称,节奏疏宕谐婉,语意转折灵活。细细品读,韵味十足。此赋用韵灵活,色彩明丽,颇具浪漫主义色彩。

吴均还有一首《登寿阳八公山》诗:

登寿阳八公山

(南朝·梁)吴均

远涧自倾曲,石溆复戋戋。

含珠岸恒翠,怀玉浪多园。

疏峰时吐月,密树不开天。

瑶函尽元秘,金检上奇篇。

是有琴高者,凌波去水仙。

诗中写道:"疏峰时吐月,密树不开天。"由此可见当时八公山林木繁茂的景状。

送张遥之寿阳幕府

(唐)李白

寿阳信天险,天险横荆关。

苻坚百万众,遥阻八公山。

不假筑长城,大贤在其间。

战夫若熊虎,破敌有余闲。

张子勇且英,少轻卫霍屏。

投躯紫髯将,千里望风颜。

勖尔效才略,功成衣锦还。

李白(701—762),字太白,号青莲居士。祖籍陇西郡成纪县(今甘肃省平凉市静宁县南),出生于蜀郡绵州昌隆县(今四川省江油市青莲乡),一说生于西域碎叶(今吉尔吉斯斯坦托克马克)。其父李客,夫人有许氏、刘氏等四位,育二子(伯禽、天然)一女(平阳)。李白是中国唐朝伟大的浪漫主义诗人,有"诗仙"之称。李白存世诗文千余篇,代表作有《蜀道难》《行路难》《梦游天姥吟留别》《将进酒》等诗篇,有《李太白集》传世。公元762年病卒,享年六十一岁。李白逝世于安徽当涂县,其墓在安徽当涂,四川江油、湖北安陆建有纪念馆。

此诗是诗人好友张遥即将去寿阳任幕府之时,为送别友人入寿阳而作的。"寿阳信天险,天险横荆关。苻坚百万众,遥阻八公山"描绘出寿春城依山据水的地理形势,八公山独立于淮河流域,高峻的山岭可以阻隔百万前秦军。用不着修筑长城,像谢安、谢玄这些能耐高强的人都在此。诗前半段描绘了寿春城的山水地理形势,寓意张遥任幕府应具备的品质,后半段诗人以长者的身份告诫张遥不可像年轻时那样轻狂。

八公山

(唐)胡曾

苻坚举国出西秦,东晋危如累卵晨。
谁料此山诸草木,尽能排难化为人。

胡曾(约879年前后去世),长沙人。唐咸通中进士,曾为剑南节度从事。高骈镇蜀辟为书记。著有《安定集》十卷。

该诗中"尽能排难化为人"喻"草木皆兵"之典故。"草木皆兵"意思是把山上的草木都当作敌兵,形容人在惊慌时疑神疑鬼。该语出自《晋书·苻坚载记》:"坚与苻融登城而望王师,见部阵齐整,将士精锐;又北望八公山上草木皆类人形,顾谓融曰:'此亦劲敌也,何谓少乎?'怃然有惧色。"除此之外,还有"八公山上,草木皆兵""风声鹤唳,草木皆兵"的说法。

出颍口初见淮山是日至寿州
（宋）苏轼

我行日夜向江海，枫叶芦花秋兴长。

平淮忽迷天远近，青山久与船低昂。

寿州已见白石塔，短棹未转黄茅冈。

波平风软望不到，故人久立烟苍茫。

苏轼（1037—1101），字子瞻，又字和仲，号东坡居士，自号道人，世称苏仙。北宋眉州眉山（今属四川省眉山市）人。宋仁宗嘉祐二年（1057）进士及第。苏轼是宋代重要的文学家，宋代文学最高成就的代表。其诗题材广泛，清新豪健，善用夸张比喻，独具风格，与黄庭坚并称"苏黄"。词开豪放一派，与辛弃疾同是豪放派代表，并称"苏辛"。苏轼又工书画。作品集有《东坡七集》《东坡易传》《东坡乐府》等。宋元祐六年即1091年，苏轼出任颍州知府，颍州即今之阜阳，离寿州较近，因此得以游历淮南地区。

熙宁四年（1071）旧历六月，苏轼三十五岁，以太常博士直史馆出任杭州通判。这一年春天，他自判官告院改权开封府推官，上神宗书，论朝政得失，忤王安石，遂力求外补，出任杭州通判。七月离开汴京，历颍州，十月出颍口，入淮水，折而东行，至寿州，十一月二十八日到杭州任通判。"通判"一职为五代后为了防止州郡势力太大，不听从调动指挥，在州郡设通判，作为副职，与权知军、州事，共同处理政事。从诗中"波平风软"到"烟苍茫"等语可以看出，这与他"力求外补"但心系庙堂的心境有关，寿州虽离中原不远，但自此而下，前程未卜矣。

这是一篇拗体律诗，东坡名作之一。这首诗是作者赴杭途中由颍入淮初见淮山时所作。此诗写得蕴藉淡远，苍茫一片，微含愁意，与此时期雄杰奔放、直抒胸臆的主体诗风相比，别有一番意趣。清人评为"有古趣兼有逸趣"。苏轼晚年曾重新抄写此诗,大概此诗的风格更与他晚年的诗风相近。此诗自然流畅、情景交融、神韵完美,是以实写虚的代表作品,写出了诗人对前程怅惘不安的沉重心情。

初望淮山

(宋)黄庭坚

风裘雪帽别家林,紫燕黄鹂已夏深。
三釜古人干禄意,一年慈母望归心。
劳生逆旅何休息,病眼看山力不禁。
想见夕阳三径里,乱蝉嘶罢柳阴阴。

黄庭坚(1045—1105),字鲁直,自号山谷道人,晚号涪翁,又称豫章先生,洪州分宁(今江西修水县)人。北宋诗人、词人、书法家,为盛极一时的江西诗派开山之祖。英宗治平四年(1067)中进士。黄庭坚有《山谷集》,书迹有《华严疏》《松风阁诗》及《廉颇蔺相如传》等。

风雪盖住树梢像是帽子,黄鹂燕子飞过。首联寓意是作者当年离家的时候是冬天,而写此诗已到了盛夏季节。颔联"三釜古人干禄意,一年慈母望归心",讲述作者为了博取功名利禄常年在外,而每年慈母都有盼望自己回家的念头。颈联"劳生逆旅何休息,病眼看山力不禁",意为奔忙于旅途之中又如何休息,作者意于山上的风景,但因劳累、精神过度疲惫而力不从心。尾联"想见夕阳三径里,乱蝉嘶罢柳阴阴"一句延伸出对八公山昆虫"红娘子"的介绍。作者想看夕阳,无奈看夕阳的地方与山之间尚有几里路相隔,八公山中的蝉叫声凄切幽咽。

八公山

(宋)王安石

淮山但有八公名,鸿宝烧金竟不成。
身与仙人守都厕,可能鸡犬得长生。

王安石(1021—1086),字介甫,号半山,抚州临川(今江西临川)人。王安石既是一位大政治家,又是一位大文学家。列宁曾称他为"中国 11 世纪时的改革家"。他工散文,是"唐宋八大家"之一;亦工诗,成就更在散文之上。其词风格独特,洗净五代铅华,开启豪放派的先声。有《王临川集》《临川集拾遗》等存世。北宋诗人王安石,晚年曾到过安徽,游历寿州城时,登临八公山,并赋诗二首——《八公山》《寿阳城晚眺》。

　　《八公山》诗是王安石吟咏弄闲之作。众所周知,王安石并非田园诗人,而是一位以天下为己任的大政治家。但此诗,他却有雅兴谈起了神仙方术、鸡犬升天的闲事来。"淮山但有八公名"意思是楚山淮水,只有八公山最为有名。上联聊八公山,下联通过"身与仙人守都厕",转而议论起淮南王刘安与八公炼丹以求长生不老之药的故事。王安石身为大政治家和大文学家,有不少咏史或怀古的作品,大都寄托了远大的政治抱负和批判精神。此诗拾起刘安逸事,其中或别有深意。

寿阳城晚眺

(宋)王安石

楚山重叠蠹淮渍,勘与王维立画勋。
白鸟一行天在水,绿芜千阵野平云。
孤崖佛国晴先见,极浦渔舟晚未分。
吟罢骚然略回首,栎阳诗社久离群。

　　诗中"淮渍"指较高一点的淮河土岸。"勘与王维立画勋",指可以让王维取材作画。"绿芜千阵",指地形千变万化的绿色原野。这是一首七言律诗,犹如一幅描写寿春城郊的水墨写意画。从楚山(即八公山)着墨,八公诸峰层峦叠嶂,与淮水相依。远山如黛,近岭染翠,简直就是王维山水画的极好素材。天水相映,水天一色,天上之白鸟犹如水中之银雁。楚地千里,绿野无涯,如千里阵云,横于天际。佛寺悬于孤崖之上,只有晴朗的日子才可以见到。夕阳西下,暮色渐浓,极远处的淮水之边渔舟已经看不分明了。

诗歌紧扣"堪与王维立画勋",将寿阳城融入一幅多彩灵动的画卷中。这其中,山与水的完美融合,色彩和光线的搭配极为和谐,白鸟与蓝天,绿芜与白云,晴光与未晓,构成山水画的底色。特别是"白鸟一行天在水,绿芜千阵野平云"一句,既有寥廓的背景,又有洒脱疏朗的灵动,一派生机。徜徉于如此美景中,难怪诗人要感慨"栎阳诗社久离群",都快有些乐不思蜀了。诗人写景由远及近,由上而下,色彩明丽,画面丰富,足见其炼字炼意之功。

减字木兰花·淮山隐隐

(宋)淮上女

淮山隐隐,千里云峰千里恨。淮水悠悠,万顷烟波万顷愁。　　山长水远,遮断行人东望眼。恨旧愁新,有泪无言对晚春。

淮上女,淮水边良家女子,姓名不详。南宋嘉定年间(金兴定末),金人南侵,掳大批淮上良家女北归。淮上女题此词于泗州客舍间。事见《续夷坚志》。

远望淮山高耸入云,连绵不绝,这千里的山峦承载着我千里的悲恨。淮水浩渺悠悠,万里波涛寄托了我万顷的愁思。山长水远,挡住了行人眺望的眼。痛恨过去的战争,也忧愁未来的日子。面对着晚春,流着泪水,不知该说些什么。

这是遭掳掠的女子题于客舍上的一阕词。下阕词中"山长水远"照应上阕的"千里云峰""万顷烟波"。"遮断行人东望眼",以细节描写表现女词人频频回首却不能见到故乡的情形,形象地表现了她不忍离去的痛苦。该词表现了南宋末年遭金人掳掠的女子那种哀痛的悲愤心情。

咏豆腐
（明）苏平

传得淮南术最佳，皮肤褪尽见精华。

一轮磨上流琼液，百沸汤中滚雪花。

瓦缶浸来蟾有影，金刀剖破玉无瑕。

个中滋味谁知得，多在僧家与道家。

苏平（约1435年前后在世），字秉衡，海宁人。明永乐中举贤良方正，不就。景泰中，与弟游京师，有诗名，景泰十才子之一，著有《雪溪渔唱》。

这首诗自第二句到第六句讲的是著名的八公山豆腐从制作到分解的整个过程，是古诗中不可多见的八公山豆腐加工工艺的全面载述。

八公山（二首）
（明）刘之治

一

五陵年少赋淹留，绣岭空蒙蜡屐游。

石带清霜群壑冷，林飞红叶万山秋。

昏钟缥缈僧归寺，残照苍茫客倚楼。

戏上高台多寂寞，樵人指点说峰头。

二

霜落秋山木叶稀，烟岚触处湿人衣。

无名怪鸟啼枫树，不辨寒花点石矶。

曲涧水喧群鹿过，夕阳影沉野樵归。

岩迳何处白云寺，缥缈钟声出翠微。

刘之治，字彦叔，生于明天启年间，明末寿春地区爱国英雄刘复生之子，文采秀发，工书法。刘氏是当时极负盛名的淮南才子，直至20世纪六七十年代，寿县城中依然盛传他的种种有趣故事。

诗中的"绣岭"是指八公山,"林飞红叶万山秋"说的是八公山中的红槓树,自春至夏叶绿,经秋霜叶子会变红,林飞红叶呈现出万山秋的壮观景象,不亚于今天北京的"香山红叶"之景。

八公山怀古二首

(清)孙元珖

一

底事名山著八公,淮南王业冷江枫。
国墟嗣绝丹何补,犬吠鸡鸣术太空。
只有遗金夸父老,原无妙药返儿童。
诋仙赋出如椽笔,贤守风流醒聩聋。

二

翩翩裙屐据雕鞍,一战淮淝障倒澜。
风鹤无声驱劲敌,天乔有主助偏安。
书飞江左军声壮,巢覆关中贼胆寒。
不是东山佳子弟,投鞭流断血弥漫。

孙元珖,字玉尺,号素斋,又号太瘦生。清代安徽寿县人。少负英姿,蜚声乡里。清乾隆三十三年(1768)拔贡。据清光绪《寿州志·隐逸》记载:性疏旷,不乐仕进,嗜饮耽吟。醉后挥毫,自虑怀抱,不顾俗眼惊也。著有《晚香园诗草》一卷。

《八公山怀古二首》分别写淮南王刘安炼丹求长生不老和淝水之战的事。

八公山,又名北山,在寿阳西北四里。相传汉淮南王刘安曾同八公(八个门客)在此山炼丹,因以为名。第一首诗中的"国墟嗣绝丹何补,犬吠鸡鸣术太空。只有遗金夸父老,原无妙药返儿童",讲述淮南王刘安炼丹求长生不老的故事。据宋代沈括《梦溪笔谈》记载:"寿州八公山侧土中及溪涧之间,往往得小金饼,上有文'刘主'字,世传'淮南王药金'也。得之者至多,天下谓之'印子金'是也……"古来民间素有淮南王刘安为了修炼而埋金于地的说法,因此有些文献称此为"药金",但刘安根本就没有这种奇妙的仙药。

第二首诗中的开篇句"翩翩裙屐据雕鞍"是对淝水之战将谢玄的形象写照。"一战淮淝障倒澜",意为淝水之战改变了东晋和前秦的力量对比,原来的局面颠倒过来了。前秦建元十九年(383)的淝水大战,就发生在寿阳和八公山一带。当时,前秦苻坚大举攻晋,屡遭挫败,一次登寿阳城望晋兵,见布阵严整,犒士精锐,又北望八公山上,草木皆类人形,怃然有惧色。随后淝水决战,东晋将领谢石、谢玄、谢琰等趁秦兵移阵之机,渡水进击,大破秦军。这次战争巩固了东晋边防,奠定了南北朝对峙的局面。

孙元珙在寿阳远望八公山,回想这一段历史往事,遂发思古之幽情,缅怀谢安等的英雄业绩,写下了这篇佳作。同样歌咏谢玄、追忆淝水之战的还有宋代词人叶梦得的下面这阕词。

八声甘州·寿阳楼望八公山

(宋)叶梦得

故都迷岸草,望长淮、依然绕孤城。想乌衣年少,芝兰秀发,戈戟云横。坐看骄兵南渡,沸浪骇奔鲸。转盼东流水,一顾功成。　　千载八公山下,尚断崖草木,遥拥峥嵘。漫云涛吞吐,无处问豪英。信劳生空成今古。笑我来何事怆遗情?东山老,可堪岁晚,独听桓筝。

叶梦得(1077-1148),字少蕴,号石林居士,原籍吴县(今江苏),居乌程(今浙江吴兴)。宋代绍圣进士,经历金人入侵、北宋覆亡的"靖康之乱"和南渡复国、偏安一方的南宋初期。其出仕两朝,居官至翰林学士、江东安抚制置大使、行营留守。有《建康集》《石林词》等著作。

"八声甘州"是词牌名。此词作于绍兴三年(1133)前后,是叶梦得登寿阳(今安徽省寿县)城楼及八公山而作,也是作者被排挤出朝后复杂心态的反映。

淮河环绕着楚都寿春孤城,野草丛生,河岸迷蒙。当年南朝谢家子弟,意气风发,统领数万精兵。以逸待劳痛击前秦军,苻坚百万雄师如受惊的巨鲸,在淝水中溃奔。转眼间,建立起大功。

时隔千年,八公山的草木一如当年,簇拥着险峻的峦峰。而今山头云涛聚又散,昔日的豪杰杳无迹踪。劳累终生,古今往事俱成空。可笑我吊古伤今何必太多情。叹惜谢安晚年,遭疏远,不受重用。

词的上片怀古,描写八公山地形,追述淝水之战。"想乌衣年少,芝兰秀发,戈戟云横",勾画出了谢氏子弟少年英武的形象以及东晋军队的威武雄姿。"沸浪骇奔鲸",形容前秦军轰然崩溃,如洪汇鲸奔。下片由古思今,写作者的感慨,用笔曲折深妙,逸出常境。八公山下,断崖荒草,云涛吞吐,历史上的英豪一去不返,再也无处寻觅了,既表达了对英雄的仰慕,又婉转地表示了对主和派的不满。接着又正话反说,以否定谢氏叔侄、否定自己,来诉说心中强烈的愤懑之情。结拍三句,以谢安自况,写出词人空怀抱负,却受到猜忌,不为重用的痛苦境遇。全词抒发了作者对时局的感慨,以及深沉的爱国情怀,慷慨苍凉,声情激烈。

龙渊地脉连沧海　生长明珠吐不休
——诗词名家歌咏珍珠涌泉

珍珠泉，又称"咄泉"，因其涌珠串串、咄咄有声而得名。为中华十大名泉之一，是著名旅游胜地。珍珠泉在今寿县北郊八公山乡境内，为旧时寿阳八景之一，曰"珍珠涌泉"。

珍珠泉是八公山的精灵，大自然的神奇造化。长林高柯之下，一泓清泉，汩汩涌出，如串串珍珠，日可万斛。若闻人声，泉涌益欢。其水淳澄，不容垢污。游赏者莫不称奇。有兴酬情痴者，竞倚栏探首，以为泉底有万斛珍珠，俯掬可得。暮春新霁，风物清和，夜游珠泉，尤多佳趣。"横铺万点珠光沸，倒泻三更斗柄悬"，一池珠玑，同满天繁星比光竞美。伴着冰弦低语，对月起舞，放浪形骸，一腔情怀任挥洒。这里是清幽之地、名胜之区，"习静者乐栖之，而耽情游览者亦往来不绝耳"。

珍珠泉的自然之美，早在《水经注》中就有详细记载："淝水又西经寿春县县城北，右合北溪，溪水导北山泉源，下注漱石，颓隍水上。长林插天，高柯负日，出于山林精舍右，山渊寺左。道俗嬉游，多萃其下。"文中所说"北溪"，即今日的清水洌,"泉源",即指珍珠泉源。又如州人孙家丞在《重修珍珠泉碑记》中所云:"泉上旧有亭,何年荒废不可考。同治岁戊辰,竹庄吴中丞驻节此邦,整军经武之暇,闻是泉之灵异,且谓地方名胜,不可任其湮没弗彰也,命以石瓷池,于池之上建屋数椽,为游人憩息之所。"

历史上的文人雅士们经常来此聚赏、吟唱赋答,也留下了许多优美的诗文和美好的传说。传说从前有个名叫吴晓村的人,非常善于演奏古琴。一天,他携琴路过寿州一位朋友家,这位朋友正在打扫庭院,于是置案焚香,请他演奏一曲,以饱耳福。吴晓村欣然应命,只见他架琴调音,沉思片刻,运动灵巧的手指演奏起来。那琴曲叮咚响起,好像鸟啼花飞,又如溪水漱玉。直听得他的朋友如醉如痴,曲终半天才回过神来,随即起身恭问是何古曲,竟然如此幽丽神妙。吴晓村笑着回答说:"此非古曲,乃同友人闲游珍珠泉,情之所至,适以意谱入耳。"由此可见,珍珠泉涌之声,确实感人至深。

清代地理学家李兆洛在他编修的《凤台县志》中说:"屑豆为腐,推珍珠泉所造为佳品。"道出了八公山豆腐的佳品必取用珍珠泉水。清人吴育在《珍珠泉记》中说:"或持爆竹至泉上燃之,或鼓掌顿足,则泉益肆出,累累如贯珠。……其水淳澄,不容垢污,沉埃聚沫,或旋焉,或播焉,澹之不得泊,味清冽刻削,不能久饮,彼其出于石罅,性因然也。而造豆腐,其者资焉,色白而质良,风味尤佳。"说明了久负盛名的"八公山豆腐"色、质、味俱佳的原因,是其有重要的水源,即取之于珍珠泉或珍珠泉附近玛瑙泉、大泉的泉水。唯有珍珠泉等八公山泉水酿造的豆腐,才是正宗的八公山豆腐。

珍珠泉水醇美甘甜,富含多种微量元素,也是煮茶的上品。据说清代咸丰状元,曾任过户部、礼部、吏部尚书的大学士孙家鼐每逢回老家寿州探亲,返京时总要带上一些珍珠泉水和上等好茶寿州黄芽(今称霍山黄芽)，作为贡品，献给皇上。

如今的珍珠泉，依旧清澈幽静，在四周还加筑了围墙，修砌了圆门，增加了亭台，附设了喷泉，环境更符合现代人的旅游情趣追求。泉边立起了一个高大的石碑，上刻"珍珠泉"三个大字，即为吴坤修当年所书。民国三十七年(1948)，寿县县长高瞻在珍珠泉石碑两旁配刻楹联一副，联曰："珠泉尽洗贪污气，淮域长流正义风。"表达了人们对于"清正廉明"的崇尚与追求。诗词名家对珍珠涌泉的美景多有歌咏，如：

咄泉
(明)杨瞻

清清灵脉发，闪闪瑞光浮。
尘垢难污洁，珍珠不断头。
寒潭浸月晓，素练速清秋。
濯却吾心污，方知是胜游。
去城刚五里，山麓吐甘泉。
吐吐方名咄，渊渊又号玄。
是源能海窟，活水入淮川。
报道人声急，珍珠滚滚鲜。

杨瞻，字叔后，山西蒲州人，明嘉靖间以监察御史请戎，驻节寿州。杨瞻淳朴刚正，兵政肃清，曾增修城堤，以提高寿州城垣的防水、御敌的能力。其训士爱民，颇有德政，罢官后，州民建祠于涌泉山以祀之。

该诗中的"清清灵脉发，闪闪瑞光浮。尘垢难污洁，珍珠不断头"、"濯却吾心污，方知是胜游"，描绘出珍珠泉水清明净澈，须眉可鉴，人们将它视为高尚、纯洁的象征。"报道人声急，珍珠滚滚鲜"是指当地人一直认为，若有人对珍珠泉大喊几声，像珍珠一样的气泡就会从泉底大量地翻腾而出，十分神奇有趣。

珍珠泉

（明）刘永准

衰柳残蒲郭外田，西风晴日景堪怜。

香浮雀舌庐山茗，甘涌珍珠淝岸泉。

黄歇豪华尘土外，谢玄事业水云边。

寿春太守刘伶侣，长啸高峰一惨然。

刘永准，任邱人，明嘉靖十六年（1537）任寿州知州。曾游珍珠泉，并留下佳作。诗中"衰柳"指柳树速生、易遭虫害、易落叶、树干易龟裂，给人以衰朽的感觉，故诗人多如此称之。"残蒲"指农历五月为蒲月。"郭外田"指城外的庄稼地。"雀舌"指萌芽状态的茶叶，就像小鸟的舌尖，茶之极品。诗句"甘涌珍珠淝岸泉"是因为珍珠泉地处东充河以北三四里，泉水涌出后成澳流，向南直接流入东淝河。"寿春太守"即作者自指。这首《珍珠泉》诗，当为作者在珍珠泉边取水煮茶、饮于山林时而作，写得景清情深，情景相融。

珍珠泉

（明）王鎏

山拥淮淝合，泉当日夜浮。

玭珠留水面，云影度矶头。

涧邃千寻雪，崖阴五月秋。

漫传金谷令，拟赋玉川游。

王鎏，字鼎文，福建侯官（闽县）人。为人博智详慎，明嘉靖四年（1525）为寿州知州，曾兴修勺陂水利，官至刑部郎中。本首诗中"山拥淮淝合"的淝河由瓦埠湖向西北流淌，经八公山南侧，约四十里后汇入淮河，淮河又流经八公山南侧，呈半圆，转西侧，再转往东侧，于是就形成了淮河衔淝河绕八公山的地理奇观。该诗句的意思是说八公山抱着淮河、淝河，让它们汇流。说明作者对这一地区的地理状况观察得十分清楚。"玭珠",当地产出的珍珠。据《尚书·禹贡》述禹定九州之事时言"淮夷玭珠鲫鱼,厥篚玄纤缟,浮于淮、泗,达于河"。

同友至珍珠泉

(明)张晓

山草蔓春绿,芳树明朝曦。
驱车遵远道,飞盖临清池。
新服展白纻,委佩纫丹葰。
逆旅感过序,合欢良及时。
招呼侣童冠,歌谑忻相随。
川陆奏灵异,列壑遥争奇。
石泉泻云窦,珠沫浮纹滋。
境好意与会,情欢神自怡。
静涵春有象,遐盼天无涯。
旷怀遗幻累,藻绘纡元思。
任真惬心赏,息偃逃喧嗤。
狐踪入林壑,去住成栖迟。
同人狗野癖,契悟流泉诗。

张晓,明代淮南人。按李兆洛《凤台县志·艺文》载,张晓曾于嘉靖十八年(1539)为重修报恩寺作赞。本首诗中的"飞盖",指车上的伞,加"飞",意为车行迅速。"清池",即珍珠泉。"白纻",指未加染色的麻类织物。"合欢"即欢聚。诗句"招呼侣童冠",指儿童和青年互相呼喊,结伴同行。"冠"指二十岁以后的男子。

这首《同友至珍珠泉》诗,道出了诗人与好友喜欢郊游的相同嗜好,于是欢聚在珍珠泉,尽情享受大自然的美景。山水之间回旋着灵声异韵,沟沟壑壑远远地看去气象万千。泉水周围弥漫着淡淡的雾霭,气泡从水底泛上来,在水面激起一圈一圈的波纹。诗人与好友至此,忘却了世俗的烦恼,屏住呼吸,尽情享受大自然的安谧。

咄泉

(明)赵炯然

绮槛绸缪俯碧清,苔针无数贯珠缨。
石家十斛楼前撒,鲛客盈盘雨样倾。
露滴芰荷争落索,月明瑶草对晶莹。
还疑鸿宝丹房里,云子离离今尚生。

赵炯然,字心陌,号亘中,明末寿春人。赵炯然为淮南才子,七岁能诗,乡间号为"神童"。清光绪《寿州志·人物》说他"于学无所不窥,文章奇古,尤邃于术数、兵法。甲申(1644年,明朝消亡)之变,北望呕血而死"。著有《大明中极八阵铃笋支集》《集思集》藏于家,刊出有《息壤集》。清代寿春文人士子对其甚为推崇,清廷于清道光三年(1823)恩准入祀乡贤祠。本首诗中"石家十斛",源自唐代齐知之《绿珠篇》的诗句"石家金谷重新声,明珠十斛买聘婷"。此处是对咄泉喷涌而出的珍珠的赞美。"蛟客",据《淮南子·说山训》高诱注:"鲛,鱼之长,其皮有珠。"《搜神记》:"南海之外,有鲛人,水居如鱼,不废织绩。其眼泣,则能出珠。"该诗的最后一句"还疑鸿宝丹房里,云子离离今尚生",其意是说,在当时研制仙丹的屋子里,有人说刘安可能还活在人世。这是触景生情而生的玄幻之想。

同萧雪蕉游珍珠泉归咏二绝柬梁松斋山长

(清)汤璐

(一)

糁径松阴冷翠铺,石蹊寻胜倩筇扶。
归来莫笑囊全罄,自有清泉万斛珠。

(二)

天涯萍聚古今同,此地曾闻驻八公。

但得琼浆供客饮,任他鸡犬在云中。

汤璐,据清光绪《寿州志·艺文》记载,为怀远人。萧雪蕉,即萧景云,寿州秀才。本首诗中的"糁径"形容道路又湿又滑,就像浇上了米汤。"冷翠"指湿凉的野草。"石蹊"指乱石堆成的小路。"倩筇"意为很好看的竹制手杖。"琼浆"这里是指珍珠泉的水。

这两首七言绝句是诗人同好友萧景云游玩珍珠泉归来后所作。其一生动地描绘出珍珠泉周边优美的大自然风光,"归来莫笑囊全罄,自有清泉万斛珠"。反映出诗人完全陶醉在这山野风光中,归来时莫笑自己的囊中空空,自有珍珠泉水在那,如晶莹剔透的珠玉。"但得琼浆供客饮,任他鸡犬在云中"。只求有杯珍珠泉水供客饮,任由鸡犬的鸣吠声在云中飘荡。由此可见珍珠泉水的清澈、纯净,也反映出诗人与好友之间的感情至深。

倡修珍珠泉联

(清)李兆洛

未知明岁在何处?暂为名山作主人。

李兆洛(1769—1841),江苏常州人。字申耆,号绅绮,晚号养一老人。嘉庆十三年(1808),李兆洛任凤台知县,"即稽求方志,知为淮南王升仙之所,自汉以来为名区,私幸山水之美,游览之胜,足以发思古之壮意"(嘉庆《凤台县志》),颇为向往;到任之后,名园精舍、楼观古迹,"求之则了不可得,询诸故老及文学士,亦茫然莫有知者"。一种责任感让他把"名胜当兴复"列为"五大施政纲领"之一。

李兆洛就是这样一位兴复名胜古迹的践行者。他通过多次实地考察,认为"屑豆为腐,推珍珠泉所造为佳品"。为早日把珍珠泉建成胜景,李兆洛特意撰写《倡修珍珠泉联》:"未知明岁在何处?暂为名山作主人。"

李兆洛因事务繁杂,诸多景观修建未能如愿,只好在编纂《凤台县志》时专设《古迹志》一卷,搜古罗今,详细记载凤台(包括今寿县)之名山胜水、佳景奇迹,表彰其价值。

珍珠涌泉

朱鸿震

卓有襟怀寄五洲,奔腾远结大潮游。
天光倒映烟霞晓,山色平分草木秋。
汉鼎丹空余故事,谢家兵去剩清流。
龙渊地脉连沧海,生长明珠吐不休。

朱鸿震(1928—2006),寿县城关人,现代寿州隐逸诗人,集有诗稿三千余篇,词两百多阕,均由手抄,字迹工整清秀。有《鸿兰诗稿残存》《朱鸿震诗词集》传世。

朱鸿震的《珍珠涌泉》不仅赞美珍珠涌泉的绝世奇观,阳光下,一池清泉,五光十色,串串涌珠,光彩夺目。还借"汉鼎丹空余故事,谢家兵去剩清流",从侧面提及了刘安炼丹和淝水之战的故事。

【相关链接】

黄仲则的一副对联

黄家忠

安徽寿县有一名泉,名叫珍珠泉(又名咄泉)。在清代,有人为它写过一副对联:"未知明岁在何处,暂为名山作主人。"最近新修《寿县志》把它的作者署为李兆洛。按:李兆洛是清代著名学者,桐城派别支阳湖派重要作家,嘉庆间曾任凤台县知事。乍一看所署的作者,觉得这有可能,因为当时凤台县的治所设在寿州城内,珍珠泉就在城外,作为"父母官"为地方名胜写副对联,这是司空见惯的事。不过从联语内容看,却又觉得与他的思想生平全然不合。他是嘉庆十三年到凤台上任的,据张涤华《李兆洛在凤台》一文说:"到任后,就在住所悬挂一副亲笔写的楹联:'栽花携得蓬莱种,买犊教成渤海耕。'可以想见他的风概和抱负。"李兆洛又在《凤台上事与绅士书》中具体提出"五宜"施政主张。即地利宜讲求,读书宜鼓舞,保甲宜举行,志书宜纂修,名胜宜复兴。他嘉庆十九年去官,在任七年,政绩卓著,深受民众爱戴(薛子衡《李养一先生行状》有详细记述)。他的去官是因丁忧(封建时代,官员有父母丧,要解职守孝),而不是像地方上误传的是"罢官"。

　　查黄山书社出版的《中国名胜楹联大观》,果然见所署作者不是李兆洛,而是黄宗则。而黄宗则又是何许人呢?看此联吐属不凡,想为名人所作,我疑黄宗则即"半世等飘蓬……才高遇易穷"(邵霞亨题《两当轩集》句)的清代杰出诗人黄仲则。黄仲则,名景仁,仲则是字,又字汉镛,自号鹿菲子,江苏武进人,有《两当轩集》二十卷、《竹眠词》四卷行世。乾隆四十年夏,他二十七岁时,应寿州知州张荪圃(佩芳)之聘到正阳书院作山长。在寿半年,见他诗中虽有"半载清淮常卧病",可他还是遍游了寿州山水,游览过英布墓、孙叔敖祠、颍口、硖石、廉颇冢、刘安庙、邓家坟以及珍珠泉等名胜古迹。我粗翻了一下他在寿州作的四十余首诗,见在诗中自称时都称"客"(本是客居或客游),如:"米贵淮南时,正值我为客""自惭漂泊淮南客""客魂迷下蔡"以及"客路空追大小山"等。而为什么写这副对联却要作名山的主人?翻看诗人其他诗作,见在诗人的笔下关于主客的位置也曾有过不同的视角。他的那首在采石矶太白楼诗会上震惊八府士子,一时传为洛阳纸贵的佳作《笥河先生偕宴太白楼醉中作歌》,其中就写道:"若论七尺归蓬蒿,此楼作客山是主。若论醉月来江滨,此楼作主山作宾。"不过,对联与这首诗有不同之处,诗里的主客是物与物的关系,诗人发出的是富有哲理的议论。而对联写的是主从的物我关系,是情感的升华。请读一读他的《偕吴竹亭访珍珠泉》的有些诗句,也许会对理解这副对联和认定其作者能有帮助。他在写了珍珠泉的灵异多致之后写道:"有客顾我吁,此泉寒遭值。品不登图经,名不出方志。筇屐罕寻探,亭台少位置。村童裸来浴,牛羊饮成队。置此荒僻区,乃真憾心事。我言良不然,此或得泉意。高名每难副,多汲岂非累。"至于上联"未知明岁在何处",那更有很好的注脚。诗人在《沙洲行》一诗的末尾写道:"沙洲行复别伊去,明岁水生无我住。"

楹联书把黄仲则写为黄宗则,我想不外有这样两种情况:可能是诗人的别署,古人署字号时可以用同音字(这里是音近字)随意变换(不过未见诗人有过这样的别署);也可能是后人的错记,才有了今日书中的并无其人的"黄宗则"。

(原载 2002 年 11 月 25 日《安徽老年报》)

茅仙古洞几千秋　淮水滔滔仍自流
——诗词名家歌咏茅仙古洞

山不在高,有仙则名;水不在深,有龙则灵。茅仙洞由茅仙古洞和清天观组成,坐落于寿县城西北五公里处。属于自然与人文相结合的综合类风景旅游区。

茅仙洞始建于西汉景帝年间(前156—前141),据县志记载:"中峰一洞,门高一丈,内阔五尺,深四丈,可拾级登。东峰一洞,门高五尺,中阔三尺余,深五丈。"洞旁供"三茅君"。三茅君,指汉人茅盈、茅固、茅衷三兄弟。传说西汉时茅盈、茅固、茅衷兄弟三人曾于此幽居修炼,所以这里的山洞叫"茅仙古洞""三茅古洞",今人统称之为"茅仙洞",并遗有"炼丹井"古迹。洞前建有两层砖木结构的正殿一座,殿宽三间,飞檐翘角,额悬"茅仙古洞"四字木匾,殿旁建有六角凉亭;洞附近有大禹治水处、寿塘关等名胜古迹。中峰山腰是茅仙古寺,寺前有一块几百平方米的平地,登上石阶,穿过依山的正殿,便能进入茅仙洞。洞口径五尺多,洞深五丈,用青砖铺地,再向里进则洞狭不能入,传说此是"无底洞",可远通蓬莱仙阁。此洞今属凤台县,已辟为旅游胜地。

"清天观"始名"元同庵",因僧道尼更迭居住而数易其名,直到清朝末年(约1907),方定名为清天观。到清光绪十七年(1891),道长葛明兴(正心)、金大春募修地藏王殿,之后于光绪二十年(1894)铸成八卦洪钟一口,现置院中,重达千斤。在灵雨空山闻得一声钟鸣,更衬托出道院之清幽。继葛明兴、金大春之后,道长李至高、童至方得河南怀庆镇总兵谢宝胜(原为本庙道士,后还俗从军)资助,建三仙楼于茅仙洞口,"远望危楼空峙,耸翠流丹,即三仙楼也"(据张敬生《重修茅仙洞三仙楼记》),借以供奉三茅真君。

民国二十三年(1934),道长苏理纯素好老庄,行善积德,育炉烧炼长生药,内功外行,领导众人大修三仙楼、山门、中殿、客厅、主殿等,道院焕然一新,威严壮观。寿州书家汪以道书"清天观"三字匾额,嵌在山门上方。继之,苏宗善主持茅仙洞,清修苦行,1957年任中国道协理事。茅仙洞继观主持崔宗轩,现由崔宗轩簪冠徒、安徽省道协副会长纪诚修率道众开展道教活动。

依山而建的道家"三清观"和三峰山上的茅仙古洞,像是置于世外的清虚地,闪透着灵光,飘弥着仙气。明代诗人刘源长的《登茅仙山》诗云:"穿石梯松踏众芳,翘高偎险入仙堂。灵岩有瀑晴凝雨,古涧无风暑亦凉。闲看水云僧自在,浪游沙岛鸟回翔。平湖一望南天小,极目烟林树万行。"

茅仙洞1986年重修,设茅仙洞景区。茅仙洞景区面积十六平方公里,是"淮河风情游"凤台集散地,三面环水,淮河绕境而过。紫金山自古城寿春北廓,逶迤而西,宛如巨臂,西揽硖石,造就一派群峰竞秀的壮丽景观,素以"淮上胜境"著称。山中林壑优美,佳树葱茏,花灼草丰;山下淮水如练,山石倒长,斜指南天。登高远眺,淮河唯此一段西流,寿西湖、东风湖、焦岗湖三湖尽收眼底。东、西淝河由此贯通,又称"淝水三湾",自古为佛道两教传承圣地,是淮上名胜风景旅游区。其景点有茅仙古洞、古香山寺、古寿唐关、淮河第一峡、黑龙潭、淝水之战古战场及春秋时期扁担城遗址等诸多文物古迹,自然风光和人文景观交相辉映,瑞气长臻,有虎踞龙盘之气势,是淮河文化精华部分。

1996年,继修复三清殿、三茅殿,并塑神像、竖石碑、铸宝鼎、恢复茅仙洞道观原貌,落实党的宗教政策。由凤台县人民政府借中国豆腐文化节出资重修望淮楼,各乡间仁人志士、有关单位、茅仙道士纷纷倾囊相助,新建楼为两层十间;置观景台二方。登楼远眺,蔡楚烟云,秦晋战场,尽收眼底。右盼硖石晴岚,俯视滔滔淮水,壮哉大河东去,落霞共帆影齐飞,长空共淮水一色。

茅山古洞依山傍水,风景秀丽,建筑精巧。道观由殿、亭、阁、楼等古建筑构成,"三茅真君宝殿"屹立山腰,殿前东西二亭相对而立。殿下即有名的茅仙古洞,洞前石碑林立,观内古柏参天,绿藤盘龙,腊梅馥郁;两侧禅房,曲径通幽。阁楼筑在淮河峭壁之上,滔滔淮水从游人脚下流过,登临望三湖(东风湖、焦岗湖、寿西湖),更令人心驰神往。

"茅仙古洞"旧为寿春八景之一,今为凤台县保存完好的宗教文化旅游地。若遇农历2月19日和7月30日"茅山庙会",更是人山人海,洞口香火缭绕,殿外人声鼎沸,有烧香还愿的,有求子"抱娃娃"的,有玩大把戏(杂技)的,十分热闹。千百年来,茅仙洞香火不断,游人如梭,历代诗词名家亦有诗词佳作记其胜,如:

游茅仙洞

(清)谢开宠

缘尘无路访丹丘,仙去空余洞壑幽。

松牖云封悬薜影,石门春涨涌淮流。

望岩乍睹千寻壁,避暑常耽五月秋。

屐齿徒存头渐白,何时重继谢公游。

谢开宠,生卒年不详。字晋侯,清代寿州人,顺治甲午举人,己亥年进士。曾任四川宜宾知县,廉洁爱民,淡于仕途,以诗赋自娱,著有《慎墨堂诗集》二卷。

诗人自叹因为是红尘中的凡夫俗子,所以找不到炼丹台的路。三茅仙建立道观以后,不知何故去了江苏,又在金坛县重建了道观,只剩下这幽静的茅仙古洞。"避暑常耽五月秋"一句诗夸张地形容茅仙洞里的气候凉爽宜人,以至于诗人最后道出"何时重继谢公游"。

茅仙洞

(清)李沐

为访茅仙迹,梯云入翠微。

洞深石乳润,壁峭野苔肥。

瀑布飞晴雪,烟光带夕辉。

归来山鸟乱,暝色欲侵衣。

李沐,字惠霖,清乾隆时人,性狷介,能诗。开篇介绍诗人寻访三茅仙人的踪迹,中间四句"洞深石乳润,壁峭野苔肥。瀑布飞晴雪,烟光带夕辉",描绘出茅仙洞令人神往的仙境,是难得的佳句。尾联描写诗人游玩结束时,天色已晚,诗人感到了寒冷。

游茅仙洞

(清)孙家鼐

茅仙古洞几千秋,淮水滔滔仍自流。

风景一时观不尽,不知何日再来游。

孙家鼐(1827-1909),字燮臣,号蛰生、容卿、澹静老人,安徽寿州(今六安寿县)人。清咸丰九年(1859)状元,与翁同龢同为光绪帝师。累迁内阁学士,历任工部侍郎,署工部、礼部、户部、吏部、刑部尚书。1898年7月3日以吏部尚书、协办大学士受命为京师大学堂（今北京大学）首任管理学务大臣,1900年后任文渊阁大学士、学务大臣等。卒后谥曰"文正"。

清光绪帝老师、文渊阁大学士、寿州状元孙家鼐的《游茅仙洞》一诗,寥寥数语道出了茅仙古洞的沧桑历史,"风景一时观不尽,不知何日再来游"表达了作者游茅仙洞时流连忘返的情趣。

茅仙洞

（清）李兆洛

仙人何处诉？鹤驾白云中。
古洞苔犹绿,丹炉火不红。
烟霞晚境在,山水俗缘空。
暝色迷归路,藤萝月一弓。

李兆洛(1769—1841),江苏常州人。字申耆,号绅绮,晚号养一老人。生于清代中前期,乃儒雅博学之士,研究地理,兼通历算、音律,亦好文慕古。于嘉庆十年(1805)参加科考,以二甲中举,赐进士出身。1808年任凤台知县,1814年主编《凤台县志》。后因得罪权势,罢官回乡,讲学于暨阳诸书院。李兆洛工诗文,精考证,又是地理、历史学家,著作有《养一斋集》《皇朝文典》《大清一统舆图》《皇朝舆地韵编》等书。《清史稿》有其传。

李兆洛在《茅仙洞》这首诗中,以优美的笔调,不仅写出了茅仙洞的黄昏景色,而且还道出了"三茅修道成仙"的故事,表达了诗人野游时依依不舍的情怀。

【相关链接】

茅山道教祖庭茅仙洞：三茅修道成仙之地
淮南茅仙洞道教协会

八公山西麓，双峰山上的茅仙洞是茅山道教祖庭，也是三茅兄弟修炼成仙之所在。两千多年前，西汉景帝中元五年，即公元前145年，陕西咸阳渭城南关出了个贤士高人，名叫茅盈，字叔申。他出生时，红霞满天，三日不散。他天资聪颖，学识广博，但不爱做官，不慕荣华，专喜采药炼丹，修真养性，十分敬仰他的高祖茅蒙修仙成道之逸举。十八岁那年，他毅然弃家辞亲，遁入恒山，潜影绝崖，隐形古洞，苦读《道德经》，精研《周易传》，采术服饵，学道修真。

有一天，夕阳即将落山，茅盈采药回洞。半路上遇一绝代佳人，挡住去路。他稽首让开，佳人左拦右阻。茅盈绕树穿行，佳人已在洞口等候。风鬟雾鬓，眉目传情，嘤嘤暖语，口齿生香："小女迷路，天色已晚，借个方便，求住一宿。"茅盈无奈，点头默允，自在洞外打坐，口诵《道德经》。任那佳人百般戏嬉，茅盈终不为动。天尚未明，佳人便无影无踪。原来那佳人是王母派的玉兔，往戏茅盈，以试其心。至此，王母终认茅盈修心坚定，凡念已绝。

茅盈在洞中修炼六年，形影若空，精思虔诚，感动了太玄玉女。半夜里梦有玉女反授玉札一封，要他前往西城王君处，拜师受教。二十年后，王君携茅盈来到昆仑山青琳宫，叩拜王母。后受命返回西城，依承真诀，苦修三年。王君赐他九转还丹一剂，神方一贴，终于得道成仙。从此，茅盈仙踪遍及天下。

茅盈离家三十余载，杳无音信。其父茅祚（字彦英）又气又急，便令长子茅固（字季伟）外出寻弟。茅固东觅西找，北上南下，四处打听，方知三弟得道成仙。他悔恨自己不该迷恋高官厚禄，贪享荣华富贵，以致处惊履险，寝食难安。一恸之下，他挥剑砍掉左臂,血溅长街,矢志追寻三弟,弃官学道。

茅祚不见长子归来,更加忧虑,又令次子茅衷(字思和)出门去找。茅衷刚到一城,恰见大哥长街断臂,鲜血淋漓,急扑上前,抱住其痛哭。茅固见二弟到来,悲喜交集。正待说明原委,忽然来一大汉,分开围观众人,拾起断臂,狂奔而去。茅衷大喝一声:"恶徒休走!"拔剑急追。茅固忙喊:"二弟!且莫奔撞。"随后,紧紧跟出城外。

但见大汉不慌不忙,边走边回头笑着说:"快来,快来。"茅衷恼羞成怒,穷追不舍。尽管相距咫尺,总难赶到近前。这时,他们已到荒郊野外。大汉转身站住,笑微微地说道:"何必生气,还你胳膊。"茅衷一个箭步挥剑而上,却被茅固一把拖住:"二弟!休得无礼。"茅衷回头一声"大哥,你别——","阻拦"二字尚未出口,便目瞪口呆。茅固见二弟如此模样,慌忙打量自己,发现左臂完好无损。二人急忙伏身跪拜,只见观音大士含笑站在面前,哪有什么大汉。"不用多礼,快快起来,随我寻你三弟去"。

于是,观音大士领着二人来到下蔡(今安徽省淮南凤台)往南一指:"前面不远,便可找到你们三弟。"说罢,驾云而去。弟兄二人又往空拜了三拜,然后穿城渡淮。西南行约六里,一道山梁横在面前。这山状若卧狮,头东尾西,耳竖双峰,十分险峻。山中紫气腾腾,松涛阵阵,山花灼灼,芳草茵茵,鹿走鹤翔,百鸟齐鸣,曲径通幽,宛若仙境。弟兄二人大饱眼福,赞叹不已。峰回路转,来到山南,只见一洞高悬峭壁,古藤攀缘,老树庇荫。洞中端坐一人,正是三弟茅盈。二人急忙上前,兄弟相会悲喜交加,皆大欢喜。从此茅氏三兄弟,便在双峰山洞中潜心修真,绝了尘念。

茅氏兄弟隐栖双峰山中(今淮南市八公山区双峰山茅仙洞),采药炼丹,广结善缘。三茅传大茅服黄帝四扇散,传二茅服王母回童散。他们同受教炼,服药食气,勇猛精进十八年,从未懈怠。三茅又授大茅、二茅无上道三年,赐九转还丹一剂,神方一帖。三人终于同登彼岸,共列仙班。

茅氏兄弟成仙后,前往江苏省茅山传道,这就是后来众所周知的茅山道士与茅山道术,而双峰山茅仙洞则是茅山道教的祖庭。

(摘自:http://www.mxdqtg.com/ehtml.asp?class_id=7&NEWid=1502 茅仙洞清天观 淮河道教文化网)

硖石留奇迹　千年仰禹功
——诗词名家歌咏硖石晴岚

硖石晴岚,在寿县城西北约十公里处,为"寿阳八景"之一。《水经注》云:"淮水过寿春北,右合肥水,又北径山峡中,谓之硖石。"关于硖山口的形成,有一个美丽的传说。说是在远古时期,天地苍茫,宇宙洪荒,民众饱受水淹之苦。淮河流域更是连年水患,民不聊生。大禹治水巡视到硖山,遇山石阻挡,遂以神斧开道,一斧劈成东西硖石,凭借他的神力治理了淮河洪水。后人为纪念大禹,在山上建立禹王庙、禹王亭。

据《凤台县志》记载,当时"层楼杰阁耸峙千霄,大河前横,诸峰屏列于前。右侧平原秀壤,竹树烟枝,万家缭绕"。但多数建筑或毁于兵燹,或圮于年久失修,唯禹王亭尚存,禹王亭重建于清光绪三年(1877)。凤台知县颜海题匾曰"慰农亭",并书对联云:"选胜值公余,看淮水安澜,硖石拱秀;系民怀在隐,愿春耕恒足,秋稼丰登。"亭西南悬崖上有南宋咸淳十年(1274)夏松筑硖石城摩崖碑记。碑高两米,宽一米四,全文一百零二字。崖壁依稀可辨的字书,镌刻着禹王治水的不朽业绩。虽经七百多年风雨剥蚀,字迹尚清晰可辨。东西硖石"禹凿招提甲画屏",淮水湍流,九曲三叠,声若雷鸣,势崩山石。硖石高耸入云,斧劈刀削,令人神摇目眩,为历代兵家必争之地。淝水之战时,晋军胡彬曾于此屯兵。登亭四顾,青山叠翠,农舍参差,田园似锦;俯瞰淮河一线,水天一色;纵目远眺,寿春古城隐于烟波苍茫之中。

硖山口分东硖与西硖,两岸相距四百多米,因间距过窄,淮水在此变得湍急。由于千万年的激流冲击,使得硖山口两岸形成了峭崖壁立、形势险峻、风光别致的特殊地貌,是沿淮地区融山、河为一体的壮美景观。明朝诗人傅君锡于康熙三十六年(1697)来此览胜,写下《硖石晴岚》一诗:"何时凿得此名山,夹束淮水列两班。鸟度高峰千仞窈,人行空硖几层湾。朝霞暂卷岚光霁,旭日初匀树色斓。自是化工神点染,拨开宿雾见真颜。"每逢风和日丽,山岚弥漫,水波不惊,蔚为壮观,被誉为"硖石晴岚"。历代诗词名家歌咏突显了硖石的自然风光特色和历史人文积淀:

硖石寺

(宋)林逋

长淮如练楚山青,禹凿招提甲画屏。

数崦林萝攒野色,一崖楼阁贮天形。

灯惊独鸟回晴坞,钟送遥帆落晚汀。

不会剃头无事者,几人能老此禅扃。

林逋(967－1028),字君复,钱塘(今杭州)人。少孤好学,恬淡好古,隐居西湖孤山二十年,足不入城市。其终身不仕,也不婚娶,植梅养鹤,世称"梅妻鹤子",死后称"和靖先生"。其诗风格淡远,有《和靖诗集》。

本诗中"数崦林萝攒野色",意指几座草木葱茏的山,使得原野上的景色更加秀丽。"一崖楼阁贮天形",意指坐落于高崖之上的楼阁仿佛与天相连。"几人能老此禅扃",意指有几个人能在这样的地方度过一生?

林和靖孤高自好,性喜恬淡。曾经漫游江淮间,后来隐居杭州西湖,结庐孤山。和靖常驾小舟,遍游西湖诸寺庙。每逢客至,门童纵鹤放飞,和靖见鹤一定棹舟归来。和靖作诗随就随弃,从不留存,有心人窃记之,得三百余首传世,《硖石寺》应是其中一首。

这首诗系作者游历硖石古寺时所作,诗中"长淮如练楚山青,禹凿招提甲画屏。数崦林萝攒野色,一崖楼阁贮天形",描绘了八公山、淮河水构成的秀美景色。"不会剃头无事者,几人能老此禅扃",隐隐流露出作者对人生道路彷徨的心理。

和宿硖石寺下

(宋)赵抃

淮岸浮图半倚天,山僧应已离尘缘。

松关暮锁无人迹,惟放钟声入画船。

赵抃(1008—1084),字阅道,号知非,衢州西安(今浙江省衢州市柯城区信安街道沙湾村)人,北宋景祐进士。赵抃在朝弹劾不避权势,时称"铁面御史"。平时以一琴一鹤自随,为政简易,长厚清修,日所为事,夜必衣冠露香以告于天。著有《赵清献公集》。《和宿硖石寺下》为赵抃创作的一首七言绝句。据苏轼《赵清献公神道碑》介绍,赵抃平常性喜山水,晚年致仕,年七十余,还遍游天台、雁荡诸名山。这首诗就是在游宿硖石寺后创作的。

淮河边上,山上矗立的宝塔高与天齐;硖石寺的僧人,应当早已把世事抛弃。天刚晚,山门已经紧紧地关闭;只有钟声悠扬,传进河边停泊的画船里。

诗人以短短四句诗写出淮岸硖石古寺那样一片天地,同时表现了诗人的情感活动,面对眼前的山寺,虽身未能至而心向往之。

硖石古寺

（明）张轵

石蹬盘空入翠微，竹林疏处见禅扉。
云封松顶鹤归晚，草刺山溪客到稀。
百尺老藤悬峭壁，千年古洞依斜晖。
方袍尽日闲无事，檐下穿针补纳衣。

张轵，字行之，清光绪《寿州志·人物》说他"性敦朴，工诗文"，于明代正德年间授羽林军卫。张轵的这首《硖石古寺》诗，目前存有石刻，可在茅仙洞三清观偏房外墙壁上见到。"禅扉"是指寺院的门。"纳衣"意为出家人用化缘讨来的碎布头拼凑起来的衣服。该诗描绘出夕阳下硖石古寺的生活景象：长长的老藤挂在陡峭的山崖上，千年的古洞照耀在傍晚西斜的阳光下。僧人整天闲来无事，在屋檐下穿针补衣服。

同友登硖石山

（清）田耘

与客登硖石，呼风梳乱云。
苍苔留禹迹，紫气变龙纹。
烟冷当风急，钟清隔陇闻。
江村酒虽薄，多饮亦成醺。

田耘，清代凤台诗人。清初顺治时期寿州拔贡，候选推官。本首诗中的"禹迹"指传说中硖山口的大禹治水遗迹。诗人田耘与好友登上硖石，呼啸的风梳理着天空中的乱云，苍苔上依然留有大禹治水的痕迹。紫气变龙纹，烟冷当风急，隐隐约约可以听到茅仙洞的钟声。江村酒虽薄，但这样的酒多饮也会感到飘飘然。这首诗歌状写了硖山口的狭窄、陡峭、流急、美景。而日辉、云霓、山色、水光映带交融，幻作硖石晴岚，成为淮上第一景致。

硖石一律

（清）刘允谦

春光也到牧樵家，不为蓬茅减物华。

紫燕遂来寻旧舍，白头犹爱插新花。

野蔬有味频堪嚼，市酒无钱却许赊。

呼友踏青须早去，出门那问水山遐。

刘允谦，字六吉，清顺治丁亥进士，为清代寿州名贤。著有《岭山吟》二卷。此首诗写出了硖石口的春光也会照进牧樵家，大自然的恩赐是同样的，不会因为民居的简陋而有所减少；紫燕也会来寻找它的旧舍，白头的年老女性更爱插新花。"野蔬有味频堪嚼，市酒无钱却许赊。呼友踏青须早去，出门那问水山遐"，表现了山村生活的朴野自由，显得清新率真。

硖石

（清）黄景仁

东南险首江，长淮限如阈。

淮流苦浩漫，拒以山突兀。

禹迹埋峰腰，丁斧碎山骨。

水底含翠鬴，云中峙金阙。

倒激万丈潭，苍兕下据窟。

有险人乃争，峦触斗出没。

一从孙曹来，屡作扬尘堀。

寿阳南北冲，失此城势扤。

神怪纷推挐，英灵动震咄。

当其作势时，淮流欲掀揭。

承平既有年，空此镇峣屼。

词客欣弄潮，布帆快飞越。

山腴发婵娟，水媚荡汩滑。

双城落天半，倒影辨窊凸。

人言刘安升,于此去飘忽。

秘迹一以传,流羡渺难歇。

风利欠幽寻,神游付芒惚。

　　黄景仁,字汉镛,又字仲则,号鹿菲子,江苏武进人,宋朝大诗人黄庭坚后裔,清代诗人,文学家。四岁而孤,家境清贫,少年时即有诗名。乾隆三十三年(1768)为求生计开始四处奔波,一生穷困潦倒。乾隆四十年(1775)夏,他二十七岁时,应寿州知州张荪圃(佩芳)之聘,到正阳书院作山长。在寿半年,游遍寿州的名胜古迹。乾隆四十三年(1778),被任命为县丞。乾隆四十八年(1783),病逝。有《两当轩集》二十卷、《竹眠词》四卷行世。

　　东南最险峻的要属长江,长淮造就了硖山口的狭窄、陡峭的形势。"丁斧碎山骨"指大禹在硖山口开凿水道的传说。"水底含翠䎃,云中峙金阙",意为水下像一口可以见底的锅,山上峙立着金碧辉煌的庙宇。"倒激万丈潭,苍兕下据窟",是指黑龙潭下藏有黑龙的传说。诗中的"神怪纷推拏,英灵动震咄。当其作势时,淮流欲掀揭",意为天怒人怨,人神共愤,表达出作者厌恶战争的情感。"山腴发蝉娟,水媚荡㳽滑",山体肥厚像胖胖的美女,水态妩媚像少女的肌肤一样柔滑。诗人用拟人化的手法描绘出硖石山的优美风光。"人言刘安升,于此去飘忽。秘迹一以传,流羡渺难歇"。据说刘安是从这里升天的,人们说着刘安升天的踪迹,羡慕、崇拜,自此难收。"风利欠幽寻,神游付芒惚"。意为山风太大了,影响了诗人游玩的雅兴。

重游硖石

(近代)孙毓筠

硖石留奇迹,千年仰禹功。

长淮开户牖,大地辟鸿蒙。

水激盘涡险,天高巨野空。

平生游览处,一别五秋风。

孙毓筠(1869—1926),名多琪,字竹如,号少侯,又叫央公,安徽寿县人。优贡生,同盟会成员,近世寿春名流。1904年交卖家产,创办蒙养学堂,与柏文蔚组织"强学会"。次年东渡日本,参加同盟会。1906年回国,因刺杀两江总督端方入狱。在狱中著有《央庵文集》。后出狱,1912年3月任安徽都督,旋辞职赴京,后死于开封。著有《法宗刚要》。

孙毓筠留下的《重游硖石》一诗,开篇两句"硖石留奇迹,千年仰禹功",盛赞大禹治水的不朽业绩。中间四句主要描绘出硖石山峭崖壁立、形势险峻、山河一体的壮美景观。

两两渔舟催晚景　声声牧笛送春风
——诗词名家歌咏西湖晚照

西湖在寿县城西门外,古称尉升湖、寿西湖,《水经注》谓之熨湖,意为湖底像熨平的布帛一样平坦。据志书记载,寿西湖"周六十里,淮水涨则成巨浸","水集则淮淝合流数十里",潴水成湖。旧时淮水泛滥,城西门常年封闭,西门外万顷碧波,水天相接。每当夕阳西下,信步城头,北望八公仙境,青山绵延,牧笛声声;城郊堤岸,柳枝婆娑;暮霭弥漫,渔舟唱晚,使人心旷神怡。今日虽已不见当年茫茫湖水,但夕阳西下,彩霞满天之际,信步登上西门城头,那长河落日、金色湖波,足使你陶醉。因此历代诗词名家对"西湖晚照"多有歌咏。如:

西湖晚照
(清)周方升

湖畔清明淑气融,流光荡漾水天空。
影拖岸柳连波绿,晴醉汀花逐浪红。
两两渔舟催晚景,声声牧笛送春风。
行歌人向长堤出,远岫参差淡霭中。

周方升,清代人。这里所说的西湖,就是指寿县城西门外的寿西湖,此诗描绘了西湖晚照的真实情景。

新中国成立后治理淮河,筑起了寿西淮堤,把一片泽国改为良田。1952年成立国营寿西湖农场。如今寿县西门外,麦浪滚滚,稻谷飘香,已然成了米粮仓。西湖晚照成了人们美好的记忆。

渔舟唱晚

(清)李兆洛

五月长淮水拍天,渔人时聚大桥边。
沽来竹叶风前醉,铺下蓑衣雨后眠。
一曲歌儿惊宿鸟,数声笛子破苍烟。
泥涂轩冕浑闲事,笑语嘻嘻复扣舷。

五月长淮水拍打着远处的天边,渔人经常欢聚在寿州城外的护城河桥边,喝着酒,微风拂过略微醉了,铺下蓑衣,雨后就睡着了。"一曲歌儿惊宿鸟,数声笛子破苍烟。泥涂轩冕浑闲事,笑语嘻嘻复扣舷",渔人一边唱歌一边撑船,笑语喧哗,随性而欢。李兆洛的《渔舟唱晚》,描绘出一幅湖边渔人恬静的生活风景画。

西湖晚照

朱鸿震

湖上斜阳潋滟明,片帆远入大寰清。
春风杨柳歌千缕,秋水莲花映古城。
飞鹭低昂双羽健,跃鳞起落一梭轻。
采诗我爱操兰桨,听取菱歌唱晚晴。

蝶恋花·西湖晚照

朱鸿震

白鹭飞来残照里,帆载长风,裁剪天涯水。渔唱不知何处起,春波暖跃金腮鲤。　　笑指乾坤多妩媚,上下流光,此晕连千里。无限河山归眼底，教人误说江南美。

朱鸿震的诗词写景抒情自然畅达，情景融洽，让人心旷神怡，陶醉其中。

【相关链接】

李兆洛撰写和题词的石刻

黄家忠

李兆洛是清代学者，因为他曾任凤台知县，学人就像称贾谊为贾长沙、柳宗元为柳柳州那样，称他为李凤台。这里介绍的是他在凤台任上留下的两方石刻。

一方是他撰写的《修东岳庙碑记》庙碑。东岳庙在凤台西乡北塘村。嘉庆十六年(1811)，庙僧因修葺庙屋请他写了这篇碑文。全文三百余字，后收入《凤台县志》和《养一斋文集》，但三者文字略有不同(可参看《凤台史志》第七期拙文《〈修东岳庙碑记〉校读记》)。清代郑板桥任山东潍县知事时，写过一篇《新修城隍庙碑记》，他以淋漓的翰墨剖析了所谓的"鬼神"，是一篇反对神权破除迷信的名作。无独有偶，李兆洛的这篇碑记，也是不囿于宗教迷信的佳篇。他认为当地民性强悍，睚眦言语，常常刃矢相拼，然而另一方面又事神求福，于是他发问道："与神之行违，反将神丑，其德弗之恤耶，抑事神之心有未至耶？"又问："吾民其无屑屑焉以求福？"这是用归谬的方法来启发开导群众，改变民性，这实质是从另一方面来否定神灵的存在。可见这一石刻不仅反映他重视教化，而且还说明他具有朴素的唯物主义思想。碑今尚存，还在北塘庙中。

另一方是他题词的"竹云桐露廊"廊名石刻(清代书法家吴育书丹)。竹云桐露廊是凤台县署内(在寿州城内)的一个长廊，是李兆洛任凤台县知事时建造并题名的。他的《修凤台县署续记》有记述："余即治，堂皇饰门庭，缮仓库，完寝室，规模粗具矣。因以其余闲经营隙地，拓之，补之，垣之，屋之。垒石以为山，因洼以为池，罗列怪石，杂莳竹木花草……其接见宾旅之所，曰'无越思斋'。中院而为台，可陈菊部，歌舞以觞客。斋之前周以厦，于其右接筑二楹，敞南北窗如船，曰'见素居'。于前连庑舍三楹，曰'仁月庐'。见素居北出长廊周之，曰'竹云桐露廊'。"李兆洛到任前，凤台县署已"至颓败不可居"（薛子衡《李养一先生行状》中语），可见李兆洛修县署这也是一项政绩，而今这方石刻已成了实物见证了。石刻现已由寿县三中移至寿县博物馆保存。

李兆洛在寿县一带，原留有如《赵廉将军墓碑》《玛瑙泉别墅记》等多方石刻，惜多已被毁，因而这两方石刻也就显得更加珍贵了。

（原载1987年4月14日《淮南日报》）

翠雨无尘洗万松　紫云开放玉芙蓉
——诗词名家歌咏紫金叠翠

八公山东北侧有一峻峰名紫金山。明嘉靖《寿州志》载:"紫金山在州东北十里,古传山有黄金色,故名。"又传淮南王刘安与八公埋金在山,山民常在丛莽间拾得,所以此山叫紫金山。

《云林石谱》:"寿春府寿春县紫金山石琢为砚,甚发墨,扣之有声。"荣宝斋誉其"集石坚、润泽、发墨于一体,且细腻如玉,抚之如童肤"。学者又诗赞"踏遍青山割紫云,雅士还向皖寿春"。紫金石砚自古即为文人所珍爱。

紫金山山色褐赭,溢金流紫;重峦叠翠,古木竞秀。山麓淝水似练,缓缓西流。新雨初霁,夕阳辉映出金色轮廓的山峦,远山翠翠,近谷葱葱,浓淡交错,深浅相叠。身临其境,飘飘欲仙,令人流连忘返。紫金山从八公仙境中脱颖而出,单独成为寿阳一景。古今诗词名家多有歌咏,如:

行次寿州寄内
（宋）欧阳修

紫金山下水长流,尝记当年此共游。
今夜南风吹客梦,清淮明月照孤舟。

欧阳修(1007—1072),字永叔,号醉翁、六一居士,吉州永丰(今江西省吉安市永丰县)人,北宋政治家、文学家。因吉州原属庐陵郡,常以"庐陵欧阳修"自居。官至翰林学士、枢密副使、参知政事,谥号"文忠",世称欧阳文忠公。后人又将其与韩愈、柳宗元和苏轼合称"千古文章四大家",也与韩愈、柳宗元、苏轼、苏洵、苏辙、王安石、曾巩一起被世人称为"唐宋散文八大家"、"古文八大家"。

这首诗是皇祐元年(1049)欧阳修卸任滁州,从扬州经淮河至颖州上任知州,路过寿州时创作的。此诗也是写给其妻子薛氏的。"紫金山下水长流,尝记当年此共游",四年前,欧阳修由河北贬官滁州,从汴河、蔡河、颖水进入淮河,曾经携带家眷经行此地,但如今却是孑然一身,形影相吊,孤独漂泊之感顿生。

紫金叠翠

(清)傅以叙

层峦绕郭列云屏,几曲参差对晚汀。

晴有雨痕留石色,日随岚气变山形。

一条微界飞流白,万木都归积霭青。

延瞩待寻轩豁处,兰皋重茸画凉亭。

傅以叙,清代前期凤台诗人。紫金叠翠,为旧时寿阳八景之一。屋外青山叠翠,远方是蓝天白云。高高低低的山脉与夕阳下的大河相映成景。天晴的时候岩石上长满了苔藓,夕阳辉映出的岚气改变了山的形状。一条细小的瀑布从山上泻下,所有的树木把大山打扮得郁郁葱葱。一边走路一边寻找长廊的门,却看到兰草开出的白花把凉亭装点得像画一样。傅以叙闲游至此,以优美的笔调,写出了紫金山的黄昏景色,表达了作者野游时流连忘返的情趣。

紫金山

(清)方承永

宾客淮南会,登山忆旧踪。

残霞留古蹬,新雨洗孤峰。

车马仙缘杳,林峦野色重。

探奇情不尽,明日更支筇。

方承永,清代诗人。诗中的"古蹬"是半自然、半人工造就的上山的石阶。"车马仙缘杳",传说中的车马迹看不见了。"支筇"意为撑手杖、爬山必用之物。筇是一种可以做成手杖的竹子。这里本来是淮南王与宾客聚会的地方,诗人登山是为了回忆旧时的踪迹。残余的晚霞照耀在上山的石阶上,初春的细雨刚刚冲洗过孤峰。传说中的车马迹看不见了,山林间野外的景色更浓郁了。诗人寻找奇景的心情依旧未完,于是决定明天更换个撑手杖再来继续寻找紫金叠翠之奇景。

紫金叠翠

朱鸿震

翠雨无尘洗万松,紫云开放玉芙蓉。

泉敲细韵鸣只磬,石拱高寒起巨龙。

信口吟来诗竟好,畅游归去步还慵。

乳莓醉倒斜阳里,红补秋光酒样浓。

如梦令·紫金叠翠

朱鸿震

夕照铄金流翠,装点淮山新霁。芳草不胜情,偷把春风描绘。仙佩,仙佩,何处玉泉声碎。

朱鸿震虽为现代诗人,但是其诗其词古风浓厚,内容与语词皆工,上引诗词即如此。

村落无声人未醒　一津斜月影苍苍
——诗词名家歌咏东津晓月

东津渡在寿县东门外四公里处,旧名"长濑津"。《水经注》云:"淝水北,寿县古城东为长濑津。"以"濑"取名,可见当年水流之急。此地为淝水入淮要津,自古繁华,舟楫南来北往,车马东去西行;商贾云集,万货咸备,茶楼酒肆,乐奏宫商,一派繁荣景象。

淝水之战时,刘牢之夜袭洛涧,前秦大将梁成被杀,全军溃败,晋军追击至此,与秦军形成对峙局面。旧有一桥,名曰"淝桥",因在淝水而得名。《资治通鉴》记载,后周显德三年(956)三月,世宗行视水寨至淝桥。

岁月沧桑,淝桥毁于何时已不可考。新中国成立后,在此附近建立一座现代化桥梁,沟通寿县、淮南市。拂晓漫步桥上,东岸百里煤城灯火通明,工厂林立,鳞次栉比,一派生产繁忙景象;北望群山起伏,排排农舍,郁郁葱葱;回望寿县古城灯火闪烁,宛若繁星。晓月临空,闪耀银辉,桥下碧水悠悠,波光粼粼,渔火点点,如置身于一幅山水画中。夜阑人静,石桥高卧,扁舟横眠。东山之上,冰轮转腾,朗朗乾坤,如沐清泉。远村鸡啼,惊起水浦飞鸿;微风徐来,抖落岸柳珠露。群山淡墨浮动,城郭乌龙一条。晓气浸润,野芳沁脾;水中举棹,平畴初耕。回首长空,依稀晓月,已渐隐晨曦之中。

东津古渡在城东门外的淝水上,有石桥一座,这里除了因是淝水之战要津而闻名遐迩,还是东淝河通往淮河的咽喉,是南北水路的枢纽。古往今来商贾船只多聚于此。晓月当空,水天一色,石桥、扁舟、波光组成一幅良晨美景图,骚人墨客皆以一睹为快,歌咏为乐。如:

东津晓月

朱鸿霞

荒鸡窃恐夜拖长,梦语如歌趁晓忙。

大道中连双界上,石桥满带五更霜。

星垂沃野天沉碧,秋老寒林叶遍黄。

村落无声人未醒,一津斜月影苍苍。

西江月·东津晓月

朱鸿霞

水舞香罗宝带,山回碧玉长屏。一梳斜月数痕星,点乩霜天清景。 雁字横书晓白,柳裙软系春青。东风如酒酿诗情,醉到无边霞影。

杏花巷陌春烟润 杨柳楼台夜雨虚
——诗词名家歌咏寿阳烟雨

寿阳襟江带河,青山列屏,淝水绕城。泊岸柳舞,枝头莺鸣。东郭之湖,三春九夏,红荷覆水,锦鳞戏波。早春二月,平野烟起,长空线落,雨潇潇,雾霭霭。登百雉之楼,锦册漫览,雅曲轻弹。俯瞰街衢巷陌,碧瓦滴翠,飞阁流丹。店旗铺幌,临街参差,斜风细雨,熙来攘往。骋目淝陵,山色空濛;佳气扶舆,萃于一脉。烟雨山水城,千载名都,万种风情。风雨潇潇,烟雾茫茫,当你登上城楼,或立足八公山巅,那古城倩影,如蓬莱仙境,似海市蜃楼。清傅君锡《寿阳烟雨》诗赞叹曰:"几回凭眺难收拾,仿佛王维画里诗。"先贤在烟雨寿阳留下了他们游历的足迹,也留下了他们隽永的诗章。如宋代诗人梅尧臣和现代已故诗人朱鸿震也曾有诗歌咏寿阳烟雨:

淮雨

(宋)梅尧臣

雨脚射淮鸣万镞,跳点起洄鱼乱目。
湿帆远远来未收,云漏斜阳生半幅。

梅尧臣(1002—1060),字圣俞,宣城(今属安徽)人,世称

"宛陵先生"。初试不第，以荫补桐城主簿。五十岁后，于皇祐三年(1051)始得宋仁宗召试，赐同进士出身，为太常博士。以欧阳修荐，为国子监直讲，累迁尚书都官员外郎，故世称"梅直讲""梅都官"。曾参与编撰《新唐书》，并为《孙子兵法》作注，所注为孙子十家注(或十一家注)之一。有《宛陵先生集》六十卷，有《四部丛刊》影明刊本等。词存二首。北宋著名现实主义诗人，与苏舜钦齐名，时称"梅苏"。又和欧阳修是好朋友，都是诗歌革新运动的推动者，对宋诗发展起了巨大的影响。

这是一首咏物诗，全诗紧扣淮雨，描写淮雨中的景象，手法妙绝，诗中描写全向实处落笔，借助于周围的有关事物和人的主观感受做多方面的陪衬、渲染，捕捉到了淮雨的形象。开头两句是近景，描写大雨落入淮河的情景。"雨脚射淮鸣万镞"，意即大雨点落到淮河里，像千万支呼啸的箭。溅起来的雨点泛起了水泡，扰乱了河里鱼的视觉。"射""鸣""起""乱"，处处扣住淮雨的特点，一丝不苟。后面两句是远景，描绘傍晚淮雨落后的情景，"湿帆""斜阳""云"，构成了一幅薄暮烟雨图。有动有静，有声有色，描写景物，动静结合，近景与远景互相映衬。

寿阳烟雨

朱鸿震

十万人家共起居，金城无恙古今余。

杏花巷陌春烟润，杨柳楼台夜雨虚。

山带云纱青作枕，水含天韵碧成渠。

地灵向是多才俊，代有明珠照五车。

朱鸿震的《寿阳烟雨》是一首七律诗，诗的首联是对寿阳城的总体描绘，颔联和颈联侧重于"烟雨"的刻画，直奔主题。前三联主要是写景，而尾联则侧重于写"人"，地灵则人杰，"地灵向是多才俊"，这是一种推测的说法，而"代有明珠照五车"

就是对"向是"的一种证明,"人才(明珠)"与"五车"相互映照,学富五车自然成就饱学之士。朱鸿震先生的这首诗用的是平声韵中的"鱼"韵,关于"车"的读音,应该读成[jū],如果读成[chē],音韵听起来就不和美了。

对于寿阳烟雨这一景色,朱鸿震还曾写过一首词,名曰《鹧鸪天·寿阳烟雨》:

鹧鸪天·寿阳烟雨
朱鸿震

绣瓦雕甍半是楼,淡烟疏雨一城秋。秦师晋旅今无迹,淝水依然绕寿州。　　邀胜日,纵闲游,踏云争上碧山头。回看古堞清波外,恰似江干画鹢舟。

上阕的"绣瓦雕甍""淡烟疏雨""秦师晋旅""淝水""寿州",紧扣"寿阳烟雨",有古城的厚重悠远,有历史的沧桑悲凉。下阕的"胜日""清波""碧山""江干""古堞""画舟",在闲游中回看,在朦胧中怀想,古与今、情与景、虚与实、悲与喜,一时无不涌上心头,思古之幽情油然而生。

关于"寿阳八景"的诗词作品是寿县山水文学花园中的一朵奇葩,是寿县旅游文化资源中一份弥足珍贵的人文资源,是可以吸引、感动游客的精神大餐。搜集、整理、研究它,可以更大限度地开发寿县的旅游文化资源,对寿县旅游文化的发展有着重要的现实意义。

从本章所辑的歌咏"寿阳八景"之作来看,诗词歌赋诸体皆备,汉、唐、宋、元以至明、清各朝均有入选,尤以唐、宋、明、清为多。这些作品,表现了各个时期诗词名家创作的不同特点,展现了寿县旅游文化对寿县历史的深远影响。虽然这些诗词手法不同,内容情感有别,然而皆意境高雅、博大精深,且包罗万象,让人为之激动、为之振奋。

从诗词名家方面看，可以将这些诗词分为两类：一类是寿县籍诗人所撰佳作，但由于史料有限，此为少数；另一类是非寿县籍诗人所撰佳作，如李白、白居易、欧阳修、王安石等名家之作，此为多数。本章虽两者兼收并蓄，然而所选之作却有着一条共同的情感和价值主线：对寿县历史文化和自然风光的由衷赞美。我们通过这条情感和价值主线，再沿着"寿阳八景"这条轴线，可以透过历代文人墨客的诗词歌赋这个独特而形象的视角，来窥探悠远厚重的寿县历史文化和旅游文化。

从诗词内容方面看，怀古兴叹、赠别寄情、咏物言志、记游抒怀，不一而足。读者沿着"寿阳八景"这条轴线通读下来，寿县旅游文化的长卷徐徐展开。我们一方面得以感受历代文人墨客们借寿县这片土地表达的喜怒哀乐，品味他们的起伏人生；另一方面可以从众多名士歌咏中领略到他们眼中的寿县旅游文化，透过他们特立不凡的情感视角、含蓄婉转的细腻描画，以及跌宕多姿的抒情笔调，我们所收获的就不仅仅是史料方志上那些客观而冷静的历史表述，更多的是通过诗词歌赋这些艺术形式，感受到寿县这片土地旅游文化的温度，以及这座历史文化名城人文积淀的厚度。

参考文献：

[1][美]罗伯特·麦金托什,夏希肯特·格波特.旅游学：要素、实践、基本原理[M].上海：上海文化出版社,1985.

[2]胡乔木.中国大百科全书[M].北京：中国大百科全书出版社,1993.

[3]赵荣光,夏太生.中国旅游文化[M].大连：东北财经大学出版社,2003.

[4]赵鸿斌.诗联集锦[M].合肥：安徽人民出版社,2009.

后记

寿县历史悠久绵长,文化灿烂辉煌,可谓人杰地灵,名人辈出。在寿县历史文化研究方面,比较集中的研究领域有寿县古代历史沿革、寿县各种文化现象、寿县名人生平事迹。其中有关寿县名人及其与寿县文化关系的研究,近些年来引起了许多学者和地方文化宣传部门人员的重视,他们从名人生平、故事传奇、贡献影响等不同的侧面进行了卓有成效的调查和研究、创作和宣传。显然,这些成果为我们进一步开展"名人与寿县文化"课题研究提供了大量有价值的材料,也提示了一些研究的方法和路径。

《名人与寿县文化》一书就是在这些已有成果的基础上,从积淀丰厚的寿县历史文化中选择廉政文化、红色文化、艺术文化和旅游文化作为研究对象,系统梳理与这些文化相关的寿县本籍以及客籍名人的生平事迹,进行专题介绍和分析总结。本书把"名人"与"寿县文化"紧紧关联起来,就是为了探索寿县历史上名人与文化之间的互动关系,以及由此带给我们的启发和触动。

本书是在皖西学院第二批科技创新平台寿县楚文化研究

中心的组织下编写的，并得到了校分管领导孔敏副校长的关心和支持。寿县楚文化研究中心成立于 2013 年 8 月，挂靠在皖西学院文化与传媒学院。为了切实推进中心的建设，加强对寿县历史文化资源的挖掘和整理，实现我校与寿县县政府签订的科技文化扶贫协议的相关构想，2014 年 3 月，中心决定编写出版《名人与寿县文化》一书。

为数十位寿县古今历史文化名人编写专题文章，是一项非常艰苦细致的工作，非一人一时所能完成。因此，寿县楚文化研究中心的四位教师组成了集体编写小组，其中寿县楚文化研究中心负责人、文化与传媒学院院长马启俊教授担任主编，陈昌勇负责书稿第一章、第二章的撰写工作，费蓉负责书稿第三章、第四章的撰写工作，熊辉负责本书的配图等美术编辑工作。我们通过实地调查、文献研究、专家访谈，尽可能详尽地搜集、梳理与寿县廉政文化、红色文化、艺术文化、旅游文化等相关的寿县本籍或客籍名人的材料，对他们的生平事迹、历史影响、后人评价等方面进行系统的研究、分析和阐述，最终完成了书稿的撰写、统稿、定稿工作。

本书的编写工作前后历时两年，其间得到了寿县县委宣传部副部长、寿县文化广电新闻出版局局长李延孟，局党组成员郑新民，局文化遗产股股长马晓源等领导的大力帮助。在此我们要向给予本书编写出版以大力帮助的各位领导、专家、同仁表示衷心的感谢。书中借鉴了一些专家的研究成果，使用了部分插图，因为体例和篇幅限制未能一一注明，在此向有关人员表示歉意。请相关人员与出版社联系，我们赠送样书两本以表谢意。

编者

2016 年 4 月